経営学

Introduction to Business Administration

概　論

篠原　淳
【監修】

後藤浩士
【著】

学文社

は じ め に

　わが国は，資源に乏しく，地理的にも極東の端にある小さな島国ではありますが，経済活動の発展によって世界でも有数の豊かな社会を築いてきました。これらの経済活動は企業によって担われています。個々の企業が社会性を持った競争力のある経営を行えば，わが国の経済社会は健全な活力のある社会として発展を続けるはずです。つまり，企業の経営のあり方を論じることは，日本の経済社会の未来を考えることにつながっていくのです。本書がテーマにする経営学は，そのような社会的に意義のある科目と考えていただければよいと思います。

　本書のコンセプトは，「経営学」の初学者向けに書かれた入門書という位置づけです。本書を読み解くことで経営学の基本的な考え方や知識を理解し，企業「経営」そのものや「経営学」という学問に興味を持っていただくことを第一の目的にしています。また，「経営学」の入門講義後に学ぶのが一般的な「経営組織論」「経営管理論」「経営戦略論」「マーケティング論」等の経営学の各主要領域を円滑に学習することができるように経営学の土台をバランスよく作ることも目的としています。興味を持って学び理解することによって，経営学を広く深く学ぶことができるようになるはずです。

　そのために，本書ではいくつかの工夫を凝らしています。まず，各テーマの初めに簡単な【単元の目標】を掲げ，そのテーマで何を学ぶのかについて簡潔に確認するようにしています。次に，本文中に，可能な限り【図】【表】を組み込み，理論や解説内容のイメージをつかみやすいように心がけました。また，【用語解説】では，紙面の許す限り経営学の時事的な話題や基本用語について解説を加え，現代経営学の基本知識を補足するとともに，読者の興味・関心を引き出すためのきっかけ作りをしています。

　本書を手にしていただいた皆さんが本書を丹念に読み進めていただくことで，「経営」や「経営学」を身近に感じていただき，「経営」を学ぶことが社会

において大いに役立つことに気づいていただくことを切に願っています。深刻なコロナ禍にあっても，社会人としての基礎を作り上げる貴重な大学生活において，「学びを止めないで欲しい」という確固たる思いで，本書を書き上げた次第です。

　最後に，本書の刊行を快く引き受けていただきました株式会社学文社代表取締役の田中千津子氏に，この場をお借りして厚く御礼申し上げます。また，文章の修正等で大変お世話になりました同社編集部のみなさんにも，改めて御礼申し上げます。同社のますますのご発展を祈念申し上げる次第です。

　2021年春

監修者　篠原　淳

目　　次

第1章　経営学とは何か

●単元の目標●

　「経営」とは何か，「経営学」とはどのような学問なのかについて概観していきます。経営学を学ぶ視点の確認ですが，経営学全体を貫く内容的には抽象的なお話がしばらく続きます。各単元を具体的に学んだ後に，再度第1章を読むと，「経営」や「経営学」の意味がよりよく理解できると思います。つまり，第1章では，緩やかに「経営」や「経営学」に慣れていくことが大事です。

第1節　経営学とは何か

　企業が「どのように経営されているのか」ということについて研究する学問が「経営学」である。企業とは，ひとまず「株式会社」のことだと考えればよい。その理由は，日本の企業の90％以上が「株式会社」だからである。また，本書は大学生の経営学の初学者が入門書として使用することを想定しているが，大学生の多くの就職先も「株式会社」だからである。その分，自分自身に関係のあるリアリティのある科目として学ぶこともできる。

　みなさんの身の回りのものを確認すればわかるように，私たちの生活に必要な製品やサービスのほぼすべてを企業が提供している。また，私たちは企業で働き，企業の従業員として賃金を得て，その賃金で必要な製品やサービスを消費者（顧客）として，別の企業から購入している。学生のみなさんに当てはめるならば，日頃から消費者として企業から必要なものを購入している。アルバイトとして企業の従業員として働いている者も多いだろう。その際，従業員の一人として取引先企業との取引に関わる可能性もあるし，さらに地域の清掃活動などを通じて地域社会と関わることもあるだろう。

　すなわち，企業は，消費者（企業と消費者間の取引），取引先（企業間の取引），従業員，地域社会といった多様な利害関係者（**ステークホルダー**）の中に存在している。つまり，企業と企業をとりまく多様なステークホルダーは，持ちつ持たれつの「相互依存関係」にある。

　以上のように，私たちが生活する経済社会において，企業は必要不可欠の存在となっている。その企業が継続的に存続し，成長していくための方法や知識を学ぶのが経営学なのである。すなわち，企業の経営を理解することは，現在の経済社会や企業社会を理解することにつながる。経営学は，今後，企業社会で活躍する皆さんにとって大変有用な学問なのである。

第2節　「経営」の定義

　組織を動かしていく（経営していく）ためには，人（人材），モノ（設備），金（資金），情報（経営判断するための情報）が必要であり，この「人・モノ・金・情報」を経営学では「経営資源」という。この経営資源をうまく管理・活用しながら組織を運営していくことを「経営」という（図1−1，組織の運営＝経営）。ここで，「経営」についてもう少し細かく見ていく。

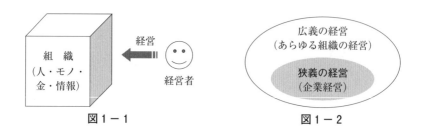

図1−1　　　　　　　　　　図1−2

Ⅰ．広義の「経営」

　「経営」を広い意味で考えると，特定の目的を合理的に達成するための技術的装置を持つ組織または活動と捉えることができる。つまり，「経営」とは，「企業経営」だけでなく官公庁経営・病院経営・学校経営・家庭経営などを含めて，幅広く捉えることができる（図1−2）。

Ⅱ．狭義の「経営」

「経営」の意味を狭く捉えれば「企業経営」ということになる。つまり，企業ビジネスの主体である企業の経営ということになる（図1－2）。本書では，この狭義の「経営」，つまり「企業経営」について説明していく。

第3節　経営学の学問的な位置づけ

経営学という学問の性質について述べていく。経営学をより深く学ぶために必要なセクションではあるが，内容が専門的かつ抽象的なため，ある程度経営学の全体像をつかんだ後に学ぶとより効果的に理解できるであろう。

理解のポイントとしては，経営学という学問は，企業経営をより良いものにしていくために，様々な学問分野の知見を取り入れ（**学際性**），実際の企業経営にも役に立つ考え方や手法を作り出すことに重点を置いている（**実践性**）。その結果として，経営学は，各専門領域の研究成果のいわば寄せ集めのような学問になっている。この点をより詳しく説明する。

⑴　経営学には，普遍的な原理に基づく体系がない。経営に関する各専門分野（経営戦略論・経営管理論・経営組織論など）の束が経営学であり，各分野を学ぶ際に様々な研究者の主張がいわばバラバラに登場する。初学者は，まずこの点に留意して学ぶ必要があろう。

⑵　経営学は，様々な学問領域の成果を取り入れながら，学際的（学問の枠を超えて）に発展を遂げてきた。学際的に研究を進めることで，様々な企業経営上の現象を解明してきたのである。したがって，研究分野によっては，法学（企業形態論），数学（生産管理論，意思決定論），統計学（マーケティング論），経済学（経営戦略論，経営管理論），会計学（財務管理論），社会学（経営組織論），心理学（経営組織論，人事管理論），情報学（経営戦略論，情報管理論）等の研究手法が用いられる。初学者は，様々な領域の研究者や知識が登場することにしばらくは違和感を感じるかもしれないが，経営学では日常的に起こり得ることに留意する必要があろう。

また，経営学は，企業経営の実践の中で生まれてきた学問である。現在

の日本の経営学はアメリカ経営学の影響を強く受けており，アメリカにおける学問は実用主義的（プラグマティック）であり，その結果，わが国の経営学も実践的である。経営学は，理論的に優れているだけでなく，経営の現場においても役に立つことが求められているのである。

第2章 企業論

●単元の目標●

　現代社会における代表的な組織である「企業」に関する考え方や基本的な知識を理解していきます。企業は経済社会に対する影響力の大きさから会社法によって規律されていますので，特に法的な知識が要求される分野です。

第1節　企業の定義

　企業とは，「① 一定の目的のために，② 継続的に，③ 製品・サービスを生産・供給する，④ 協働システムである」と定義することができる。

①　一定の目的

　企業は，明確な「目的」を持って経営されている。企業活動における第1の目的は**営利（利潤）の追求**であるが，現代では企業が社会的存在であるという認識から，企業活動の目的を多面的に捉えるのが一般的である。つまり，現在においては，営利目的だけでなく，**社会的責任**を果たすという目的をも含めて企業経営の目的と捉えるのが一般的である（企業の社会的責任論：CSR：corporate social responsibility）。

②　継続性

　企業は，永続的に経営されることを前提として存在している。このように継続性を持った企業を「継続企業（ゴーイング・コンサーン：going concern）」という。

③　製品・サービスの生産・供給

　企業は，社会生活を営む人々に対し，財またはサービスを提供する経済主体である。

④　協働システム

個人の能力には限界があるが，複数の人々が協力することによって組織の共通目的を有効かつ能率的に達成していくことができる。したがって，企業は組織構成員による協働システムと表現できる。

第2節　「オープン・システム（開放体系）」としての企業

企業は，「人・モノ・金・情報」等の「経営資源」を有機的に結合させ，共通目的達成のために作り上げられた組織体である（経営組織論）。したがって，図2－1にあるように，企業の「内部環境」（人・モノ・金・情報）の管理が重要となる（経営管理論）。

一方，企業は，様々な利害関係者（ステークホルダー）と一定の関係を保ちながら存在している。ステークホルダーとは，株主，消費者，地域住民，取引先企業，競争企業，国や地方自治体等の行政機関のことをいう。図2－1にあるように，企業は企業を取り巻く「外部環境」との相互作用の中に存在している。これは企業組織を「開かれた組織」，すなわち「オープン・システム（開放体系）」とみる見解である。企業を取り巻く外部環境は，価値観の変化や技術革新等によって常に変化している。したがって，企業がその存続や成長を図るためには，外部環境の変化に適合していかなければならない（経営戦略論）。

企業は受動的に環境に適合するだけでなく，外部環境を変化させる可能性をもつ。例えば，わが国においても保守的な経営体質を持つと言われてきたプロ野球界にIT系企業のソフトバンクや楽天，DeNAが新規参入を果たし，革新的な経営戦略により業界関係者の意識だけでなく，消費者や株主の意識をも変

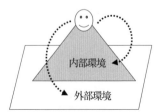

図2－1　経営の2つの大きな視点

革させたように，企業は外部環境を変える存在にもなり得る。

第3節　企業経営に関する基礎知識

⑴　企業活動には，4つの**経営資源**（人・モノ・金・情報）が必要である。

⑵　人類史上最大の社会的発明と言われるのが「**株式会社**」の発明である。株式会社は「株式」を発行することにより，不特定者からより多くの資本（元手）を集めることができるようになり，より大規模な企業活動が可能となった。企業活動の発展は，資本主義経済の発展を促し，経済的豊かさを享受できる社会を成立させた。経営学を学ぶ上で「企業」という用語を使う場合，「株式会社」を意味する。

第4節　「所有と経営」の分離

　本来，資本（元手）を拠出している「株主」が株式会社の所有者（オーナー）であり，所有者である「株主」は株主総会を通じて企業活動をコントロールできるはずである。しかし，現実の企業経営においては，「株主」の企業への影響力は弱い。その理由を考えてみよう。

Ⅰ．「所有と経営の分離」が進んだ背景

　企業規模の拡大により，より多くの資本が必要となった。そのため多くの株式が発行され株主が増えた。その結果，一人で大きな影響力を持つ大株主がいなくなった。また，企業規模の拡大とともに企業経営が複雑化・高度化したため，専門的な経営能力とその企業について十分な知識を持つ経営者に企業経営を任せる必要性が高まった。その結果，株主は経営に対する直接的な影響力を失い，専門能力を有する経営者が企業を実質的に支配するようになった。この状態のことを「**所有と経営の分離**」という（所有≠経営）。この「所有と経営の分離」は，「株主」「経営者」双方にメリットがある。

1．株主側のメリット

　高い専門能力を有する経営者が経営にあたることにより企業価値が高めら

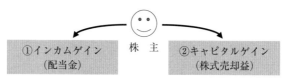

図2－2　株主のメリット

れ，それに比例して株価が上がる。これにより，株主の利益が最大化される。
株主が得ることができる利益とは「インカムゲイン」（配当金）と「キャピタル
ゲイン」（株式売却益）である（図2－2）。

(1)　長期的な視点を持ち，経営参画を目的として株式を保有している株主
（「長い目で会社を経営していこう」というタイプ）は，企業の業績が向上
すると，より多くの配当（インカムゲイン）を得ることができる。

(2)　短期的な視点を持ち，売買を目的として株式を保有している株主（一般
投資家ともいう，「株を売って儲けよう」というタイプ）は，企業の業績が
向上することにより株式市場で株価が上昇し，株式売買による差額による
利益，すなわち「キャピタルゲイン」を得ることができる。

所有と経営を分離し，高い専門能力を有する経営者に企業経営を任せること
により，結果的に株主の利益（長期・短期のいずれにおいて）が最大化される
ことになる。

2．経営者側のメリット

経営者は，企業の上げた利益に応じて経済的報酬（役員報酬）を得ることが
できる。

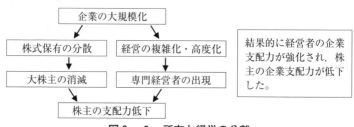

図2－3　所有と経営の分離

Ⅱ．バーリとミーンズの「経営者支配論」

　企業を実質的に支配しているのは誰なのかについて考えてみよう。小規模な個人企業では「出資者＝経営者」であるから，オーナー社長が企業の支配者であるといえるが，大規模な株式会社では発行株式数が多く，「出資者≠経営者」の状態であるため，企業支配権の所在が問題となる。この問題については，「所有と経営の分離」に関し初めて実証研究を行ったアメリカの政治学者バーリ（Berle, A. A.）と経済学者ミーンズ（Means, G. C.）の研究が著名である（『近代株式会社と私有財産』1932）。彼らは，1929年にアメリカの代表的な株式会社200社を対象に調査を行い，「筆頭株主」（株主の中で，最大多数の株式を所有している大株主）の「持ち株比率」（ある特定の株主の株式保有率）を基準として経営支配の形態を5つに分類した（表2−1）。

表2−1　バーリ＆ミーンズの調査結果

支配の形態	％ 注)	支配の内容
(1) 完全 　所有支配	6 ％	筆頭株主が全発行株式の「80％以上」を1人で所有している企業形態であり，筆頭株主が完全に企業活動を支配できる（所有者＝経営者）。個人会社や同族会社に多い形態である。
(2) 過半数 　所有支配	5 ％	筆頭株主が全発行株式の「50％以上80％未満」を1人で所有している企業形態であり，この場合も筆頭株主が企業活動を支配できる（所有者＝経営者）。
(3) 少数 　所有支配	23％	筆頭株主は全発行株式の「20％以上50％未満」しか所有していないが，第2位以下の株主が相対的に少ない株式しか所有していないため，筆頭株主がその企業を支配できている企業形態。
(4) 法的手段 　による支配	21％	多数の株式を所有している株主（外部の無議決権株の株主）は企業の重要な意思決定に参画することができず，(内部の) 一部の議決権を有する株主によって企業が支配されている企業形態（アメリカに多い支配形態）。
(5) 経営者 　支配	44％	筆頭株主は全発行株式の「20％以下」しか所有しておらず，筆頭株主を含めたすべての株主が経営に参加する意思がなく，企業経営に株主の意思は反映されていない。専門の経営者が実質的に経営権を支配している状態。

注）比率は調査企業の中に占める割合を示す。
出所）バーリ＆ミーンズ（1932）

● 視点：筆頭株主は，自己の所有する持ち株比率を根拠に会社を支配できているか（表2－1）。

(1)～(4)は株主による「所有に基づく支配」であるが，(5)は「所有に基づかない支配」である。

● 結論：アメリカの代表的な企業のうち，44％が「経営者支配」の状態にあることが明らかとなった。すなわち，バーリとミーンズによって株式の広範な分散によって「**所有と経営の分離**」が生じ，所有者ではなくプロフェッショナルとしての経営者によって会社支配が行われていることが発見された。この状態をミーンズは，「静かな革命（silent revolution）」と呼んだ。なお，ラーナー（Larner, R. J.）が，1963年に同様の調査を行ったが，「経営者支配」の占める割合が84.5％にまで増加していることが明らかとなった（26頁参照）。

第5節　企業形態

　企業形態は，Ⅰ．経済形態とⅡ．法律形態に分けられる。学習する内容が多岐にわたるが，「株式会社」の位置づけを中心に学んでいけばよい。

Ⅰ．企業の経済形態

　企業の経済形態は，出資者の構成や出資と経営のあり方などにより類型化したものである（表2－2）。まず，出資者が私人であるか，国や地方公共団体であるか，民間と行政が共同出資するハイブリッドなのかによって，1 私企業，2 公企業，3 公私合同企業に分けることができる。

　1 私企業は，営利を目的として民間出資によって設立された企業である。この 1 私企業を，出資者が単独か，複数かによって，(1)単独企業と(2)集団企業に分けることができる。(1)単独企業は個人企業ともいう。

　また，(2)集団企業は，出資者が少数か，多数かによって，① 少数集団企業と，② 多数集団企業に分けることができる。① 少数集団企業は，少数の出資者が全員で経営を担当する(i)第1種少数集団企業と，経営を担当する出資者と経営を担当しない出資者から構成される(ii)第2種少数集団企業とに区分できる。

表2－2　企業の経済形態

企業	1 私企業	(1) 単独企業	個人企業		
		(2) 集団企業	① 少数集団企業	(i) 第1種少数集団企業	合名会社
				(ii) 第2種少数集団企業	合資会社，合同会社
			② 多数集団企業	(iii) 営利的多数集団企業	株式会社
				(iv) 非営利的多数集団企業	相互会社，協同組合
	2 公企業	(3) 行政企業	③ 政府系	現業	
			④ 地方	地方公営企業	
		(4) 公共法人	⑤ 政府系	公団，公庫，特殊銀行，事業団，他の特殊法人	
			⑥ 地方	地方公共事業体	
	3 公私合同企業	(5) 政府公私合同企業	日本銀行，商工組合中央金庫，特殊会社，他の特殊法人		
		(6) 地方公私合同企業	第三セクター		

出所）鈴木岩行「企業の諸形態」佐久間信夫・出見世信之編著『現代経営と企業倫理』学文社，2001年，3頁を一部修正。

　(i)第1種少数集団企業は人的集団企業，(ii)第2種少数集団企業は，混合的集団企業とも呼ばれる。②多数集団企業は利潤獲得を目的として設立される(iii)営利的多数集団企業と，経営成果を自ら利用することを目的として設立される(iv)非営利的多数集団企業に分類できる。

　2　公企業は，公益性の高い事業等において，国や地方公共団体が企業活動を営むものである。2　公企業には，行政組織そのものが事業活動を営む(3)行政企業と，国や地方公共団体が100％出資し法人を設立し，事業を営む(4)公共法人がある。(3)(4)は，競争の促進や効率性の向上等の理由から独立行政法人化や民営化が進められている。

　3　公私合同企業には，政府と民間が共同出資する(5)政府公私合同企業と地方公共団体と民間が共同出資する(6)地方公私合同企業（いわゆる「第三セク

ター」）がある。公共性の高い事業領域に民間企業が参入することによって，公共性に影響を及ぼすおそれがあるため，従来，このような事業領域は 2 公企業が担ってきた。しかし，公企業の経営の非効率性が問題となり，公私の共同出資により，公共性と効率性を同時に実現することを目的として第三セクターが発案されたのである。ただし，実際には，多くの第三セクターが地方公共団体への財務的依存に陥り，巨額の赤字を抱えた倒産・解散が相次ぐ事態となった。

Ⅱ．法律形態（日本における会社の種類）

　日本の法律（会社法）上，1 株式会社，2 合同会社，3 合資会社，4 合名会社，5 相互会社などの会社形態がある。日本の会社の90％以上が株式会社なので株式会社を中心に学習していこう（表2－3）。

　1 **株式会社**は，株式を発行し，株式を購入した出資者から資本を調達する（表2－4）。出資者は，株式を購入することで株式会社の株主となる。株主は，持ち株割合に応じて株式会社を所有する（株主＝所有者）。株主は議決権を用いて，会社の経営方針に参画することができる。また，持株数に応じて配当金を得ることができる。これに対し，会社の経営は取締役が担当する。取締役は必ずしも出資者である必要はなく，経営の専門知識や能力を持つ者を取締役として任命することができる（取締役＝経営者）。大規模株式会社では，大株主でない経営者が経営を担当するのが一般的となっている。このように，所有者（大株主）と経営者（取締役）が別の人物となることを「所有と経営の分離」という。

　株式会社は，1 人でも設立でき，最低資本金制度も撤廃されたため（2002年以前は1,000万円），資本金1円でも起業は可能となった。株式会社の設立には，発起人が資本金の全額を拠出する発起設立と，発起人が資本金の一部を拠出し，残りを外部から募集する募集設立がある。株主（会社法上は「社員」と呼ぶ）は，株式の引受価額を限度とする間接・有限責任を負うに過ぎない。株式（社員の地位）は自由に譲渡できる。

　日本の典型的な会社のしくみである監査役会設置会社をモデルに説明する

表2－3 わが国の企業形態の実態

企業形態	設立数	割合
株式会社	約253万社	93.8%
合同会社	約8.3万社	3.1%
合資会社	約1.6万社	0.6%
合名会社	約3,800社	0.1%

出所）国税庁「会社標本調査」2019

表2－4 企業の法律形態

	1 株式会社	2 合同会社	3 合資会社	4 合名会社
出資者の呼称	株 主	社 員	社 員	社 員
社員の種類と人数	有限責任社員1名以上	有限責任社員1名以上	無限責任社員有限責任社員各1名以上	無限責任社員1名以上
出資の種類	財産出資	財産出資	無限責任社員（財産・労務・信用），有限責任社員（財産のみ）	財産・労務・信用
業務執行機関	代表取締役	総社員の過半数	無限責任社員の過半数	総社員の過半数
理解のポイント	① 典型的な物的会社・資本会社である。② 17世紀初頭の東インド会社が株式会社の原型である。日本では1872年の第一国立銀行が最初の株式会社である。	① 出資者の有限責任という利点を確保しつつ，会社組織や社員の権利について広く定款自治が認められている。② 株式会社と異なり，監視機関（取締役会・監査役）の設置が不要である。	中世イタリアを中心とする沿岸都市で発達した委託契約であるコメンダが起源である。	① 出資者と経営者が一致している（所有＝経営）。② 近親者によって構成されることが多いため，典型的な人的会社といわれる。③ 中世ヨーロッパの商業都市で発達したソキエタスが起源である。

と，株式会社の最高意思決定機関は株主総会である（年1回）。また，株主総会から選任された取締役が取締役会（月1回程度）を構成し，会社の重要な意思

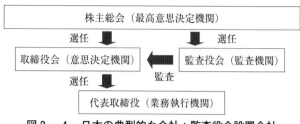

図2-4　日本の典型的な会社：監査役会設置会社

決定を行う。さらに，取締役会で選任された代表取締役が日常的な業務執行を行う。取締役と同様に株主総会で選任された監査役は業務監査及び会計監査を行う（図2-4）。

　2　**合同会社**（日本版 LLC：Limited Liability Conmany）は，会社法（2005年制定）で新たに導入された会社形態であり，独自の技術を有しながらも資金調達の難しいベンチャー企業の受け皿となることを想定している（表2-4）。間接有限社員のみからなる会社であるが，株式会社のように，株式の発行は行わない。出資者の有限責任を確保しつつ，内部的には自由な取り決めができる。近年設立数が増えてきている（表2-3）。なお，日本の合同会社のモデルとなった米国 LLC は1977年にワイオミング州で初めて導入された。

　3　**合資会社**は，有限責任社員と無限責任社員から構成される会社である（表2-4）。有限責任社員は，無限責任社員と同様に原則的に業務執行を行う権利・義務を有する。無限責任社員が持分を譲渡する場合には，他の無限責任社員全員の承諾が必要である。

　4　**合名会社**は，出資者全員が無限責任を負い，出資者全員が経営を担当する企業形態である（表2-4）。出資者が複数化しただけであって，個人企業と質的に異なるものではない。社員（無限責任社員）の出資持分を第三者に譲渡するためには，社員（無限責任社員）全員の承諾が必要である。社員同士の人間的信頼関係が重視される。

Ⅲ．その他の企業形態

1．相互会社

　保険会社にのみ認められている会社形態である（保険業法）。株式会社のように株主の出資によって成立しているのではなく，保険契約者の保険料によって成立している。保険契約者が拠出した資金を貯めておき，保険事故に遭った契約者にはこの資金から補償を行う（相互扶助の精神）。相互会社では，保険契約者が社員（出資者）となり，株主総会にあたる機関は「社員総代会」，経営陣は「社員代表」，と言われる。なお，保険会社に雇用されている者（従業員）の呼称は，「社員」ではなく，「職員」である。

　日本では，20世紀末の金融危機の際，生命保険各社の経営悪化が表面化した。そこで，より大きな資金を市場から調達して経営基盤を安定させることや，コーポレート・ガバナンスの強化などを目的として，「相互会社」から「株式会社」への組織変更が見られるようになった（社員総代会の決議と金融庁長官の認可が必要）。

　一方，株式上場の場合は株主配当や株主要求によって契約者の長期的利益の保護ができなくなるデメリットもあるため，株式会社化に消極的な生命保険会社もある。なお，相互会社から株式会社への組織変更は，1995年の保険業法の全面改正によって認められるようになった。既に株式会社化した相互会社の例として，大同生命保険株式会社（2002），太陽生命保険株式会社（2003），共栄火災海上保険株式会社（2003），三井生命保険株式会社（2004），第一生命保険株式会社（2010年）がある。

2．持株会社

　複数の企業を保有するために，それらの企業の株式を保有する会社のことをいう。1997年の独占禁止法改正によって「純粋持株会社」が解禁された。

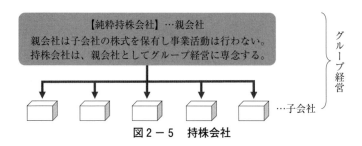

図2－5　持株会社

【具体例】

みずほフィナンシャルグループ（第一勧業銀行＋富士銀行＋日本興業銀行）

三菱 UFJ フィナンシャルグループ（東京三菱銀行 FG ＋ UFJHG）

三井住友フィナンシャルグループ（さくら銀行＋住友銀行）

(1)　メリット

①　日常の事業活動は参加企業に委ね，経営資源の再分配や事業評価に専念できるため，効率的なグループ経営が可能となる。

②　参加企業は独立しているため，独自性を持った機能的な活動を行うことができる。

③　経営戦略の選択肢が広がる。

④　子会社の独自性を維持しながら，経営責任を明確化できる。

⑤　リストラクチャリングが比較的容易になる。

⑥　従来の子会社の管理手法や賃金体系が維持できる。

⑦　安定株主が確保できる。

(2)　デメリット

①　企業全体の求心力が低下しやすい。

②　子会社間の連携がスムーズにいかない場合がある。

③　経営資源の二重投下の危険がある。

Ⅳ．株式会社のシステム

1．本来の株式会社のあり方……アメリカ企業型

(1)　企業は，資本金をより多く集めるために株式会社の形態を選択し，「株

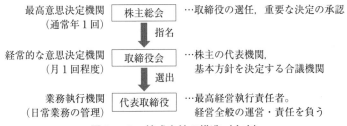

図2－6　株式会社の構造（本来）

式」を発行する。株式の購入者を「株主」という。株主は株式保有の割合に応じて企業を所有する。また出資の割合に応じて，① 経済的報酬（配当金）や ② 企業経営に対する発言権を得る（議決権の行使）。

(2)　株主の集会である「株主総会」が定期的に開かれ，株主の代表者（取締役）の選出や，経営上の重要事項を評価する。

(3)　取締役は「取締役会」を組織する。取締役会には企業内部関係者のみならず，外部の人間（例：公認会計士，弁護士，大学教員等）も加わる場合もある。アメリカでは，取締役会における社外取締役の割合は約3分の2である。取締役会は，経営上の意思決定機関として企業の将来に関わる重要な決定のみを行う。したがって，日常的な業務には携わらず，日常業務を委任する「代表取締役」を指名し，代表取締役が業務執行を行う。

2．わが国における株式会社の形態

(1)　投資目的の株主が多い（キャピタル・ゲインを得る目的）。したがって，経営に対する株主の意識が低く，株主総会が形骸化している。

(2)　代表取締役は引退時に次期の代表取締役を指名し，代表取締役は社内から取締役会のメンバーを選出する。その結果，経営陣は出世した従業員の集団になってしまう。したがって，経営陣は株主代表ではなく，従業員代表的存在となっている。

(3)　次期代表取締役・取締役の人選は企業側から株主総会に提出され，株主に承認を得る。企業内部の上級役職者は代表取締役が決定し，副社長・専務・常務が取締役になる場合が多い。日本企業の代表取締役は人事権と経

営権を有しており，非常に強い権限を持っている。

(4)　重要な意思決定は取締役会ではなく，「常務会」で決定されることが多い。「常務会」とは会社法上の規定のない任意機関であり，監査役や社外取締役が参加しない社内最高意思決定機関である。重要案件は「常務会」で先行して討議されるため，「取締役会」は「常務会」での決定の追認機関となる傾向がある。

Ⅴ．企業集中の形態

　実際には多様な企業結合の形態が見られるが，ここでは代表的な4つの企業集中の形態を見てみよう（表2 - 5）。

表2 - 5　企業集中の形態

カルテル （企業連合）	同業の各企業が独立性を保ちつつも，製品や商品の生産量や価格について協定を締結することにより（価格カルテル），自由な競争を制限したり，市場支配を行う共同行為をいう。カルテルは独占禁止法によって禁止されている。
トラスト （企業合同）	市場支配を目的として参加企業が資本面で結合する企業形態であり，最終的には各企業の独立性が失われ合併に至る（カルテルよりも市場支配力が強い）。例えば，株式所有（例：持株会社）を利用したトラストでは，株式所有を通じて統一経営を行う。
コンツェルン （企業集中）	数多くの企業が法的な独立性を保ちつつ，株式所有や金融関係の強化を通じて形成する巨大な「企業グループ」である。一般的には，持株会社型の巨大な企業結合体のことを意味する（戦前の日本の財閥や現在の3大メガバンクグループが典型例）。直接の目的は市場支配ではなく，多数の参加企業のピラミッド的統括にあり（企業間結合度はカルテル，トラストより弱い），幅広く多様な産業分野に影響を及ぼす。
コンビナート （工場結合）	企業の独立性を維持しつつ，垂直的な結合の利益を追求しようとする企業集団のことをいう。生産の合理化のために関連企業の工場を1箇所に集中させたものである（例：石油化学コンビナート）。旧ソ連のコンビナートを起源とする。企業間の資本面での結合よりも，技術的な結合関係を重視し，複数企業が特定地域に集積する点に特徴がある。各企業に対する統一的な管理はなく，各企業の交渉によって価格や生産量が決定される。

第 6 節　中小企業と大企業

Ⅰ．中小企業の定義・現状

1．中小企業の定義

中小企業基本法による中小企業の定義は以下のようになる。

製造業その他	資本金 3 億円以下または従業員300人以下
卸売業	資本金 1 億円以下または従業員100人以下
小売業	資本金 5 千万円以下または従業員50人以下
サービス業	資本金 5 千万円以下または従業員100人以下

2．中小企業の現状

中小企業は日本企業の全体数の99％以上を占めており，株式会社の98％が中小企業である。しかし，その一方，売上高は大企業の方が圧倒的に多い。

> 企業数：中小企業＞大企業
> 売上高：中小企業＜大企業

中小企業は，大企業に比較して経済的資源（人・モノ・金・情報）が乏しいため，大企業との「すみ分け」を図り，直接競争を避けなければ生き残れない。生き残るためには，独自の製品に「付加価値」を与え，それを大企業に提供することで大企業と協働していくことが求められる。また，中小企業の中には高い技術力を持ち高収益を上げている企業もある。このような企業の実力から中小企業とは言い難いが，規模的には大企業に達していない企業を「中堅企業」という。

Ⅱ．大企業病

大企業も規模が拡大するにつれ，組織の硬直化から環境適応が迅速かつ柔軟に行えなくなったり，「革新（イノベーション）」が起こせなくなる状態をいう。

Ⅲ．ベンチャー企業

　様々な戦略と規模の小ささを生かし，環境に柔軟に対応できる「ベンチャー企業」がわが国でも期待されている。本来ベンチャー企業とは，リスクの高いハイテク産業等での研究開発志向の規模の小さい企業を意味していたが（かつてのソニーや京セラ），近年は革新的な製品やサービスを提供する中小企業をも広く指して使うようになった。資金力に乏しいベンチャー企業に出資することをビジネスとしているのがベンチャーキャピタル（機関投資家や富裕個人から資金を集めてファンドを組成し，有望なベンチャー企業に出資する機関）である（図2－7）。

(1)　ベンチャーキャピタルが役員を派遣する投資スタイルを「ハンズ・オン型」という。

(2)　投資期間が長期にわたり，投資先が株式を公開できなくなるリスクがある。これを「リビング・デッド」（公開の見通しの立たない企業）という。

(3)　日本ではベンチャーといっても，従来，大企業が中心となって革新を起こすという「社内ベンチャー」が多かった。

(4)　ベンチャー企業に対する個人投資家のことを「エンジェル」と呼ぶ。日本でもエンジェル税制が設けられ，エンジェルが育ちやすい環境が整いつつある。

(5)　企業家（起業家・アントレプレナー）

　　一般的には，新しい知識に基づいてリスクを負担し，新規事業を起業する者を指す。

ベンチャーキャピタルとの二人三脚経営（アメリカ）

ベンチャー企業が成功すれば株式が新規公開され，
株価上昇により莫大なキャピタル・ゲインを得ることができる。

図2－7　資金力のないベンチャー企業の経営手法

第7節　「株式」と「株式市場」の現在

Ⅰ．株券の電子化

　「株式」とは,株式会社において出資者（株主）の持分（株主権）を表したもので,その株主に対して発行される有価証券のことをいう。株式に流動性を与えるため,具体的にその内容を表示して発行される紙片を「株券」という。近年わが国でも株券電子化（株式のペーパーレス化）が進められたが,これは「社債,株式等の振替に関する法律（社債株式等振替法）」により,上場会社の株式等に係る株券をすべて廃止し,株券の存在を前提として行われてきた株主権の管理を,証券保管振替機構（略称「ほふり」）及び証券会社等の金融機関に開設された口座において電子的に行うという取組みである（平成21年1月5日）。

　(1)　株主のメリット

　①　株券を手元で保管することなどによる紛失や盗難,偽造株券取得のリスクが排除される。

　②　株式の売買の際,実際に株券を交付・受領したり株主名簿の書換申請を行う必要がなくなった。

　③　発行会社の商号変更や売買単位の変更の際に,株券の交換のため,発行会社に株券を提出する必要がなくなった。

　(2)　発行会社のメリット

　①　株主名簿の書換えに当たり株券が偽造されたものでないかなどのチェックを行う必要がなくなった。

　②　株券の発行に伴う印刷代や印紙税,企業再編（企業間の合併や株式交換,株式移転など）に伴う株券の回収・交付のコスト等が削減できる。

　③　株券喪失登録手続を行う必要がなくなった。

　(3)　証券会社のメリット

　①　株券の保管や運搬に係るリスクやコスト等が削減された。

　②　株主が株券を「ほふり」に預託する場合や「ほふり」に預託された株券を引き出す場合の手続きを行う必要がなくなった。

Ⅱ. 日本の株式市場のしくみ

　「株式」を取引する場所が「株式市場」である。株式市場は,「発行市場」（企業が資金調達のために株式を発行して投資家を募る市場）と「流通市場」（既に発行されている株式を投資家間で売買する市場）に分類することができる。「発行市場」を構成するのは, 企業・証券会社・投資家であり,「流通市場」を構成するのは, 証券取引所・証券会社・投資家である。「流通市場」の代表例が「証券取引所」であり, 現在わが国には東京・名古屋・札幌・福岡の4つの証券取引所がある。かつて証券取引所は, 証券会社を会員とする法人組織であったが（証券会員制法人）, 東京・大阪・名古屋の3大証券取引所は株式会社化されている。売買高の規模は東京証券取引所が突出しており, 株価の重要な指標である「日経平均」[1] や「東証株価指数（TOPIX）」[2] も東京証券取引所の売買に基づいて算出される。

　　1）日本の株式の水準を示す東京証券取引所第一部225銘柄の平均株価（単位は円）。
　　　構成銘柄は時価総額の分布の変化などにより, 適宜入れ替えられている。
　　2）Tokyo Stock Price Index：東京証券取引所一部上場の全銘柄の時価総額の動き
　　　を指数化したもの。1968年1月4日を基準の100として, その日の時価総額を指数
　　　で表す。つまり, TOPIX が1800.00なら, 東京証券取引所が1968年1月4日当時
　　　の18倍の規模になったことがわかる。この指数をみることで, 日々の株式市場全
　　　体の動きを把握することができる。

表2－6　わが国の証券取引所のしくみ

証券取引所の名称	日本取引所（東京＋大阪）	名古屋証券取引所	札幌証券取引所	福岡証券取引所
上場基準［厳格］	1部	1部	―	―
上場基準［緩やか］	2部	2部	―	―
新興市場	マザーズ, JASDAQ	セントレックス	アンビシャス	Q-Board

●「店頭市場」（株式市場に上場していない非上場株は投資家と証券会社が証券会社の店頭で売買していた）におけるコンピュータ売買を可能にしたのが「ジャスダック」（日本証券業協会が運営主体）であり, その後, 株式会社に移行した。

表2−7 世界の証券取引所 時価総額 (2016年度)

順位	証券取引所名	時価総額 (米ドル)
1	ニューヨーク (アメリカ)	19.6兆
2	ナスダック (アメリカ)	7.8兆
3	日本 (東京＋大阪)	5.1兆
4	上海 (中国)	4.1兆
5	ロンドン (＋イタリア)	3.5兆
6	ユーロネクスト (フランス・オランダ・ポルトガル・ベルギー)	3.5兆
7	深圳 (中国)	3.2兆
8	香港 (中国)	3.2兆
9	トロント (カナダ)	2.0兆
10	フランクフルト (ドイツ)	1.7兆

第8節 現代企業の所有構造

Ⅰ．日本企業の株式所有構造

1990年代前半までは「法人株主」の割合が高かったが，1990年代後半以降，すなわち，バブル経済崩壊後は，「株式の相互持合の解消」と「外国人株主の増大」の傾向が顕著である。

1．1990年代前半まで

日本企業の株式保有比率においては，「法人株主」の割合が高かった。東京証券取引所の上場企業だけで見ると，個人株主が約30％，法人株主が約70％となっていた。主要な「法人株主」の内訳は，**メインバンク**[3] を中心とする**企業集団**[4]であり，それらによる株式の**相互持合**[5] が行われていた。法人株主のほとんどが，よほどのことがない限り株式を売却せず，株主総会では現経営陣を支援する「**安定株主**」となった。

3) メインバンクとは，企業との融資取引上，トップシェアを有する銀行である。従来,日本企業の資金調達は「直接金融」（株式発行により市場の出資者から直接資金を融通する場合）よりも，メインバンクからの「間接金融」が主流であった（銀行等の金融機関が市場で集めた資金を借入れする場合）。メインバンクは，融資だけでなく，株式を引き受けて安定株主となったり，役員を派遣するなど，企業との人的結びつきをも強めた。

表2－8　日本企業の株式所有構造・全国証券取引所

(単位：％)

	政府・地方公共団体	金融機関	事業法人等	証券会社	個人その他	外国人(個人・法人)	
1985	0.3	39.8	28.8	1.9	22.3	7.0	バブル経済の崩壊
1990	0.3	43.0	30.1	1.7	20.4	4.7	
1995	0.3	41.1	27.2	1.4	19.5	10.5	
2000	0.2	39.1	21.8	0.7	19.4	18.8	
2005	0.2	31.6	21.1	1.4	19.1	26.7	
2010	0.3	29.7	21.2	1.8	20.3	26.7	

出所）『平成22年度株式分布状況調査の調査結果について』（株式会社東京証券取引所，株式会社大阪証券取引所，株式会社名古屋証券取引所，証券会員制法人福岡証券取引所，証券会員制法人札幌証券取引所，平成23年6月20日公表）

　4）企業集団とは，従来，日本に存在した対等関係にある大企業同士の企業間関係のことである。日本には6大企業集団（三井・三菱・住友の旧財閥系，第一勧銀，三和，芙蓉の新興系）が存在し，株式の相互持合，社長会，役員兼任などで密接につながっていた。ただし，バブル崩壊後，企業集団はほぼ解体した。
　5）株式の相互持合とは，同じ企業グループの企業間で互いに株式を保有しあうことをいう。

(1)　株式の相互持合が行われてきた「背景」

　株式の相互持合は，第二次世界大戦後の「財閥解体」によって大量の株式が市場に放出されたことを契機に始まった。大量の株式が市場に放出されることにより，投機家による株式の買占めの危険性が高まり，その防衛策として企業グループ間において株式を持ち合うようになった。

(2)　株式の相互持合の目的

①　安定株主工作

　企業同士が相互に株式を持ち合い，相互に安定株主（友好的な株主）となることによって，経営者の立場が強化される。すなわち，経営者は個人として株式を所有しなくても，自社の所有する他社の株式により，他社の経営者を信任も信任拒否もできる。これを逆に見れば，経営者の地位は他社の経営者からの信任に支えられており，その結果，経営者同士が相互に信任しあって，互いの

地位が保たれるという効果を生んでいる。

②　企業グループ間の結束強化

互いに株式を持ち合うことによって，グループ企業間の結束を強化することができる。

(3)　株式の相互持合のメリットとデメリット

①　メリット

(ⅰ)　グループ企業外からの影響力行使を防止することができる。

(ⅱ)　グループ企業間で相互監視機能が働く場合がある。

(ⅲ)　短期的視野で利潤追求を行うという視点だけでなく，長期的視野で企業成長を見据えた経営を行うことができる。

(ⅳ)　安定株主の影響力により，株主への配当を抑制することができる。その結果，余剰した利益を経営に投資することができる。

②　デメリット

(ⅰ)　企業の自浄能力を低下させる。

(ⅱ)　経営陣の責任追及が曖昧になり，その結果，経営陣が長期間にわたってその地位を維持するため，中間管理職の意欲（モチベーション）を低下させる。

(ⅲ)　株主への配当に関する意識が低下し，特に個人株主は軽視される。

2．1990年代後半以降

バブル経済崩壊後は，(1)「株式の相互持合の解消」と (2)「外国人株主の増大」の傾向が顕著である。

(1)　株式の相互持合の解消

バブル経済崩壊後，株式の相互持合は解消傾向にある。その背景として，金融商品に対する時価会計の導入や持続的な株価低迷を挙げることができる。相互持合が解消した結果，「安定株主」が減少し，**「浮動株主」**が増加した。その結果，日本企業は敵対的な企業買収（M&A：企業の買収・合併）の脅威にさらされるようになった。また，バブル期の企業不祥事への反省から，株主利益の重視や厳格なコーポレート・ガバナンス（企業統治）が求められるようになった。

(2) 外国人株主の増大

外国人株主の保有比率の増加は，日本企業に対し，グローバル・スタンダードに適合した企業経営やコーポレート・ガバナンスを求めることになった。

Ⅱ．アメリカ企業の株式所有構造

1．1930年代以降の変化

(1) 1930〜1960年代……機関投資家への集中の時代

1930年代のバーリ＆ミーンズの研究後（9頁参照），ラーナーは，彼らの研究を踏襲し，1963年にアメリカの非金融企業200社の支配状況の実証研究を行った。その結果，169社（約85％）の企業が「経営者支配」の状況に分類された（10頁参照）。この結果を受け，ラーナーは「経営者革命の終結」を主張した。

しかし，その一方で，ラーナーの研究成果の発表とほぼ同時期（1960年代後半）にアメリカでは既に株式所有構造に大きな変化が生じ「株主反革命」（株主の復権）が起きていた。アメリカでは，1950〜1960年代にかけて M&A ブームが生じるが，その中で企業の株式が，「年金基金」[6] や「投資信託」[7] を代表とした「機関投資家」[8] に再集中するという現象が生じた。機関投資家は短期的な収益増大にのみ関心があり，「ウォール・ストリート・ルール」[9] にのっとって短期的な株式売買を繰り返した。

6）年金基金は，労働者が給与の一部を積み立て，それを資金として株式市場で運用し，その運用益で退職後の年金を賄おうとする基金（ファンド）である（例：カリフォルニア州公務員退職年金基金：カルパース）。1950年代の法律改正により，株式や債券への投資規制が緩和されたことにより増大した。近年は，個人株主の多くは直接株式投資を行うのではなく「ミューチュアル・ファンド」（アメリカのオープン型投資信託）を通じて投資を行う傾向が見られる。アメリカの主要な株式会社の所有者が年金基金になったということは，間接的にアメリカの主要な株式会社が労働者のものになったことを意味している。この状況を，ドラッカー（Drucker, P. F.）は，「年金基金社会主義」による「見えざる革命」と呼んだ。

7）投資信託とは，投資家が拠出した資金を，専門の投資信託委託会社が運用し，その成果を出資額に応じて投資家に還元するものであり，1920年代にアメリカで発達した。

8）機関投資家とは，顧客の資金を預かり株式や債券などに投資・運用して利益を

あげることを目的とする法人であり，年金基金，生命保険，投資信託などが代表
例である。近年アメリカでは，特に年金基金が株式保有率を高めている。
9）ウォール・ストリート・ルールとは，投資の運用利回りを上げるため，投資先
企業の業績が悪化すれば，躊躇なく株式を売却し，より優良な企業の株式投資へ
向かう投資行動様式のことである。

(2) 1990年代……「退出」（Exit）から「発言」（Voice）へ

1990年代に入ると，機関投資家は株式保有の比率を増大させすぎたため，従
来のように「ウォール・ストリート・ルール」による投資行動をとることが困
難となっていた。すなわち，大量の株式を市場で売却すれば株価の下落を招き，
巨額の売却損が発生するため，売り抜けることが困難になったのである。した
がって，投資先企業の業績が悪化した場合に，従来の株式を売却し企業への関
与から「退出」するという行動から，株式を売却せずにより積極的に企業経営
に対し「発言」していくという行動に変化した。

2．アメリカの株式所有構造の状況（ニューヨーク証券取引所・上場企業）

個人株主……約40％，機関投資家……約45％

(1) 特　　徴
① 個人株主の占める割合が比較的大きい（近年は減少傾向）。
② 機関投資家の割合が増加傾向である（年金基金，ミューチュアル・ファ
ンド）。
特に大企業や優良企業で顕著である。
③ 機関投資家は，短期的な利益を求めて頻繁に売買を行う（浮動株主）。売
却が困難な場合には企業経営に積極的に発言する。

(2) 影　　響……安定株主がほとんど存在しない。
① 株主の利益を軽視した経営を行えば，株式が売却され，株価が下落する。
株式が下落すれば敵対的な買収を受けやすくなるため，株主利益を重視しな
い経営者は排除される可能性が高まる。
② 短期的な利益を優先する傾向が強まるため，長期的な企業競争力の低下
を招く。ただし，近年は，機関投資家の行動に変化が見られ，長期的な利
益を考慮する傾向も見られる。

第 9 節　経営目的

　組織は，ある「共通目的」を達成するために組織される。したがって，企業経営を行う上では，その前提となる「経営の目的」を明確にする必要がある。

Ⅰ．企業目的の体系

　企業は組織としてある「共通目的」を持ち，共通目的のために「協働」を行う（C. I. バーナード）。そして，目的を達成できなければ，企業は生存できない。そのため，目的の設定と達成の評価が重要である。

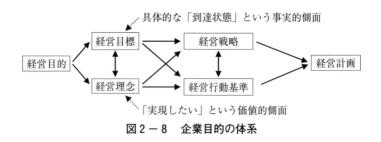

図 2 － 8　企業目的の体系

Ⅱ．経営理念（企業理念）

　経営理念とは，企業の価値観を示すものであり，経営目的の価値的側面，すなわち，抽象的・理念的目的である（この組織は何のために存在するのか）。経営者が組織構成員に共有してほしいと考える信条・理想・哲学・イデオロギー・ビジョンなどを示したものである。経営理念は長期にわたって受け継がれるような一定の普遍性が求められるため抽象的なものが多いが，基本的には，① 存在意義，② 経営姿勢，③ 行動規範の 3 要素を含んでいる。わが国では「社訓」や「社是」という形で成文化されることが多い。

　ただし，経営理念の内容は，経営者の主観的な価値観を含むものであり，それらを体系的に論じることは難しい。

表 2 － 9　　日本を代表する企業の経営理念

例：パナソニック・グループ（旧松下電器産業） 「産業人たるの本分に徹し，社会生活の改善と向上を図り，世界文化の進展に，寄与せんことを期す」
例：本田技研工業株式会社 「わたしたちは地球的視野に立ち，世界中の顧客の満足のために，質の高い商品を適正な価格で供給することに全力を尽くす」
例：キヤノン株式会社 「世界の繁栄と人類の幸福のために貢献すること，そのために企業の成長と発展を果たすこと」
例：ソフトバンク・グループ 「情報革新で人々を幸せに」

Ⅲ．経営目標論

　経営目標の考え方には，単一目標モデルと多元的目標モデルがある。単一目標モデルとは，企業経営は「利潤」を目標とするという従来からの考え方であり，多元的目標モデルは，企業の利害関係者や経営理論の多様化に，単一目標モデルでは対応できなくなった結果として生まれた多元的な目標を掲げる新しいモデルである。

1．単一目標モデル

(1)　「利潤」極大化説

　総収入－総費用＝利潤……典型的な経済学のモデル。利潤を極大化すること＝企業目的と考える。

(2)　「利潤率」極大化説

　(1)の「利潤」極大化説では投下資本が「いかに効率的に利用されたか」の視点が欠けている。そこで，資本利潤率の極大化を経営目標とする。

(3)　制限利潤説

　ディーン（Dean, J.）は，利潤極大化を目指してきた企業が，競争者の参入や労働者の賃金上昇から「制限された利潤追求」に目標を変更すると主張した。「極大化原理」から「満足化原理」への転換をはかった。

⑷ 「売上高」極大化説

ボーモル（Boumol, W. J.）によれば，寡占企業は必要最小利潤の確保という制約条件の下で，売上高極大化を経営目標にすると主張した。

⑸ 「総資本付加価値率」極大化説

藻利重隆は利潤率極大化を発展させ，分子に利益を使うのではなく，付加価値[10]を使う総資本付加価値率を主張した。現在，付加価値＝経営成果と考えられており，この見解は有力である。

  10）付加価値：企業が外部から買った原材料や商品に対して新たに付け加えた価値のことで企業の生産性を金額で表したもの。生産性が高ければ多くの付加価値が発生する。

2．多元的目標モデル

⑴　投資利益率（ROI：Return On Investment）目標説

アメリカの経営学者アンゾフ（Ansoff, H. I.：企業戦略の父）は経営目標が２つあることを指摘した。

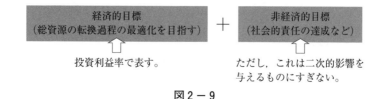

図2－9

⑵　存続目標モデル

オーストリア（後にアメリカ）の経営学者ドラッカー（マネジメントの父）は，企業を存続させるためには，企業の生産物に対し顧客が価値を見出すことが必要であると主張した（図2－10）。

Ⅳ．企業の社会的責任論（CSR：Corporate Social Responsibility）

企業の社会的責任は，古くて新しい問題である。わが国では既に明治時代に近代的社会制度ができた時代から論じられ，実際に実行に移した経営者も少な

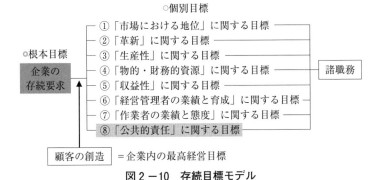

図2－10 存続目標モデル

くなかった。その後，高度経済成長に伴い公害問題がクローズアップされると，企業の社会的責任に関する議論が高まり，バブル全盛期には資金に余裕のある企業による社会貢献（フィランソロピー）や文化活動（メセナ）が盛んに行われた。近年のCSRはより広い意味での企業の社会的活動全体を意味するようになり，現在，CSRは企業の法令遵守（コンプライアンス）や環境保全，職場の安全管理等を含めた意味で用いられている。

1．社会的責任否定論……経済学の視点

市場メカニズムを信奉する経済学者（ノーベル経済学賞受賞，経済学者のフリードマン（Friedman, M.）が中心人物）が主張する見解である。企業は市場メカニズムを通じて，社会に最大の利益をもたらしている。したがって，企業が社会的責任費用を負担すると社会全体の利益が減少してしまい，その結果，国家の国際競争力をも弱めてしまう。したがって，社会的責任は政府が中心となって果たしていくべきである。

2．社会的責任肯定論……経営学の視点

市場メカニズムの弊害を認める大多数の経営学者が主張する見解である。企業が社会の中に存在し，その中で利益を獲得していくためには，社会的に支持されることが必要である（図2－10ドラッカーの個別目標⑧を参照）。企業が社会的責任を果たすことによるコストの増加分は，社会からの支持や信頼の結果として得られる企業の長期的利益によって相殺されると考える立場である。

❖ 用語解説：企業の社会的責任関連

① 企業市民（コーポレートシチズン）

　企業は社会の一員として存在することを表現した用語。企業の経済面だけでなく社会面から総合的に捉えた表現である。

② 社会的企業

　社会的目的を達成することを目指して事業を展開する組織。事業を通じて社会的課題を解決するという点で，従来の寄付やボランティア，あるいは営利企業とは異なる。また，社会的課題の解決を事業化することで，一過性の取組みではなく，社会的効果を持続させることができ，社会的価値を継続的に生み出すことができる。① 営利企業が社会的観点から事業の社会性を高める場合と，② NPO 等が従来備えていた社会性に加えて，経営基盤を強化するために事業性を高める場合がある。

③ メセナ

　企業による芸術文化支援活動のこと。古代ローマの政治家で文芸復興に尽力したメセナスに因んで名づけられた。

④ フィランソロピー

　企業が寄付活動やボランティア活動などによって社会的貢献を行うこと。「人類を愛する」を語源とする。

⑤ ISO（国際標準化機構）

　1947年にジュネーブに設立された国際機関。国際的な単位や用語等の「標準化」を推進している。環境を自ら継続的に改善するためのしくみである環境マネジメントシステム（EMS：Environmental Management System）に関する国際規格であるISO14001（1996）や社会的責任に関する規格である ISO26000（2010）などを発行している。

⑥ 環境管理

　企業が自主的に環境保全への取組みを評価すること。近年，各企業の CSR 活動や実績を「環境報告書」「サスティナビリティ報告書」「環境社会報告書」などにまとめ自社ホームページ上で公開する企業が増えている。

⑦ 1％クラブ

　1990年に当時の経済団体連合会が社会貢献活動推進委員会を設け，経常利益の 1 ％

を社会貢献にあてる 1 ％クラブを創設して以来，各企業に社会貢献が浸透していったが，バブル崩壊後は経営状態の悪化からかげりが見られる。

⑧　社内部門

　アサヒビールの社会貢献部，資生堂の企業文化部，トヨタの企業貢献活動委員会等が代表例である。

⑨　地域創造

　企業は経済，政治，社会，文化といった様々な側面で地域に影響を与えるとともに，地域から経営資源（人・モノ・金・情報）の面で影響を受けている。すなわち，企業と地域は相互依存の関係にある。特に「企業城下町」においてはその傾向が顕著である（例：トヨタ自動車と豊田市，日立製作所と日立市，宇部興産と宇部市，住友金属鉱山と新居浜市，日本製鉄と釜石市，キッコーマンと野田市など）。

⑩　バルディーズの原則

　企業と環境との共生に関する理念。アメリカ環境団体 CERES によってまとめられた理念であり，アラスカ沖で大量の原油流出事故を引き起こしたエクソン社のタンカー（バルディーズ号）から名づけられた。環境保全と企業環境を両立させようとする10項目から構成される。

⑪　企業カプセル

　企業が環境に適合していくためには，企業のメンバーが社会変化に気づく感受性を持っていなければならない。しかし，日本企業は，従業員を全人格的に包摂する一種の共同体になっていることから，社会とは隔絶した閉鎖社会を形成している。その結果，日本企業の従業員は社会変化に対する感受性が鈍いと指摘される。

⑫　社会的責任投資（SRI：Socially Responsible Investment）

　利益率などの財務会計上の観点だけでなく，企業が環境に配慮した経営をしているかなどの企業の社会性をも考慮して行われる投資のことを意味する。近年，個人や機関投資家の投資活動における社会的責任投資の割合は増大しており，企業の行動に与える影響も増大している。欧米では社会的責任投資の対象となる企業を選別評価する機関も存在する。

第10節　コーポレート・ガバナンス論

Ⅰ．コーポレート・ガバナンス（企業統治）の意義

　コーポレート・ガバナンスには明確な定義は存在しないが，一般的には，「企業は誰のものであるか」「企業は誰のために経営されるべきか」を中心テーマとして多様な視点から論じられている。コーポレート・ガバナンスに共通するテーマは，①いかなる利害関係者のために経営されるべきか，②トップ・マネジメントの選任や解雇を誰がいかに行うか，③トップ・マネジメントの経営に対する利害関係者によるチェック・システムをどう構築するか，である。コーポレート・ガバナンスは，近年，わが国において非常に脚光を浴びているテーマの一つである。なぜなら，企業経営者は法律的には株主の利益のために行動するべきであるにもかかわらず，株主の利益を軽視した企業経営を行い，企業の倒産や不祥事といった株主の利害を損ねるような行動をとることがよく見受けられるからである。

Ⅱ．企業は誰のものか

　コーポレート・ガバナンスに関しては日米で大きな相違があるが，その主な原因は前述した日米企業の所有構造の相違にある。コーポレート・ガバナンスの問題の背景には「企業は誰のものであるか」という本質的な議論が存在している点を看過してはならない。

1．シェアホルダーとステークホルダー

　「企業は誰のものか」という問いに対しての答えは大きく大別して「シェアホルダー」論と「ステークホルダー」論とに分けられる。シェアホルダーとは，単純に「株主」を意味するのに対して，ステークホルダーとは株主だけでなく債権者，従業員，顧客，取引企業，地域社会などを含む「利害関係者全般」を意味する。

2．シェアホルダー論……アメリカ

　シェアホルダー論では，株主の立場が非常に重視される。アメリカ企業にお

いては機関投資家などの株主の影響力が強いこともあり，コーポレート・ガバナンスの議論はシェアホルダー論の立場からなされることが比較的多い。

　多様なステークホルダーの中で株主が重視される根拠は以下のとおりである。すなわち，授受金額が予め定まっている他の利害関係者（例：債権者は企業業績に関係なく一定の利息と元本返済を受け取る）よりも，株主の方がはるかにリスクが高いと考えられるからである。株主は毎年度の利益の一部を配当などの形で受け取るが，その金額は非常に不安定で不確定な金額であるため，株主は大きなリスクを負っている。

　また，株主が投資するのは，株主に対する分配可能な残余利益である「キャッシュフローの最大化」を目的としているからであり，この「キャッシュフローの最大化」という目的は経営資源の有効利用を促進し，資源配分の効率化にも繋がると考えられている。すなわち，効率的で競争力の高い企業経営を行うという面からもシェアホルダー重視（株主支配論）は望ましいという性格を持つ。

3．ステークホルダー論……日本

　ステークホルダー論では，株主だけでなく，従業員や債権者，顧客，取引企業，地域社会といった幅広い利害関係者の利害調整といった側面に重点が置かれる。日本では，従来，株主の影響力が弱く，終身雇用制の下で会社は従業員のものであるといった見解も見られ，コーポレート・ガバナンスの議論はステークホルダー論の立場からなされることが比較的多い。ステークホルダー論の背景には，現代における株式会社（特に大規模株式会社）は単なる株主の所有物であるという存在を超えて，社会的に大きな存在となっているという考え方がある。

Ⅲ．エージェンシー理論

　エージェンシー理論とは企業財務論やコーポレート・ガバナンス論などに応用される方法論の一つである。エージェンシー理論とは一人以上のプリンシパル（依頼人）がエージェント（代理人）との間で交わす代理契約であり，コーポレート・ガバナンスにおいてはプリンシパルである株主が企業経営に関する

代理契約（企業経営に関する意思決定の権限の委譲など）をエージェントである経営者との間で交わすと考えられる。

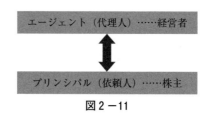

図2－11

　この場合，株主は経営者に代理契約の遂行にあたって最大限の成果（株主利益の最大化）を期待するが，両者の間の情報の非対称性や経営者が株主ではなく経営者自身の利益を最大化する可能性の存在などによって，両者に利害の対立が生じることがある。こうした利害対立の問題を「**エージェンシー問題**」といい，この問題解決から発生するコストを「**エージェンシー・コスト**」という。所有と経営の分離は典型的なエージェンシー関係である。

Ⅳ．モラルハザード

　エージェンシー関係から生じるエージェンシー問題の代表的なものに「モラルハザード」の問題がある。モラルハザードは，リスクに対して保険が準備されているため，リスク回避の意識が薄れリスクを促進させてしまうことをいう（図2－12）。例えば，債権放棄に期待した企業行動，金融機関への公的資金投入，先進国の援助に安易に頼る新興国の行動等が挙げられる。もともとは保険業における用語であり，例えば，火災保険の契約者が火災保険に加入したことにより，逆に火災を起こさないようにしようとする注意を怠ってしまうことを意味する。

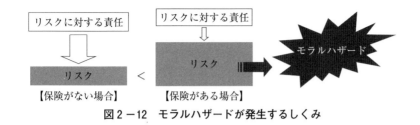

図 2 −12　モラルハザードが発生するしくみ

　モラルハザードの状態は保険という仕組み自体の利益を失わせてしまう。企業・個人が健全な行動を促すためのルールを準備し，正しい倫理観を持ち保険に甘えることなく行動することが求められる。モラルハザード防止策の例として「サウンド・バンキング（健全な銀行業）の原則」が挙げられる。

Ⅴ．1990年代後半以降の日本のコーポレート・ガバナンスの改革

　バブル経済の崩壊以降，日本企業では企業の倒産や不祥事が頻発し，コーポレート・ガバナンスの問題が厳しく問われるようになった。日本企業の資金調達方法が「間接金融」から「直接金融」に移行し，メインバンクによる企業に対する経営の監視機能が衰える一方で，外国人株主が増加し，コーポレート・ガバナンスの面でもグローバル・スタンダードに対応することが求められるようになった。こうした状況の下で近年，日本企業は様々な改革に取組んでいる。特に，制度面においてコーポレート・ガバナンスを有効に機能させるための法改正が行われている。

1．執行役員制の導入

　アメリカ企業においては，経営と事業執行が分離されており，①株主を代表して経営上の意思決定と執行の監督を行うのが「社外取締役」，②実際に事業部門や機能部門を統率しているのが「執行役員」，③社内取締役は，社長もしくは会長他，数名しかいないのが通例である。つまり，アメリカにおいては，「取締役の責任」と「執行役の責任」は同時追求できないと考えられている（図2−13）。

　これに対し日本企業の取締役は「監督責任」と「執行責任」を同一人物が担

取締役（株主代表・意思決定・執行の監視）
同時 ⇕ 追求×
執行役（現場の統率）
CEO（Chief Executive Officer：最高経営責任者）
COO（Chief Operating Officer：最高執行責任者）
CFO（Chief Financial Officer：最高財務責任者）
CTO（Chief Technical Officer：最高技術責任者）

図 2 －13

当しており，それらの責任追及が曖昧であった。そこで近年，取締役会制度の見直し策として，「監督責任と執行責任の分離」という観点から，多くの日本企業が，まず社内制度として執行役員制を導入した。特に1997年にソニーが執行役員制度を導入して以来，追随する企業が増加した。

しかし，日本企業の執行役員は代表取締役の指揮命令下にある会社使用人（職位の高い従業員）と位置づけられることが多く，権限や義務も明確ではなかった。そこで2002年の商法改正によって，アメリカ型の企業統治モデルである委員会等設置会社を選択した場合には，「業務執行を行う役員」を置かなければならないことが法定され，執行役員の権限や責任が制度上明確化された。

その後，2005年に立法された会社法により，会社の規模を問わず，すべての株式会社で委員会の設置が可能となった。会社が委員会設置会社（現指名委員会等設置会社）を選択した場合，業務執行権限を持つのは代表執行役や執行役だけであり，取締役はその地位に基づいて業務執行を行うことはできない。すなわち，アメリカ型の企業統治モデルである委員会設置会社を選択した場合は，業務執行権限を執行役に集中させ，取締役会はその執行を監督するにとどめ，業務執行権と監督権限を分離させることにしたのである。

2．社外取締役の導入

経営者に対する監視機能の強化という観点から社外取締役（株主の代理人）を増加させる企業が増えてきている。社外取締役は，社内の事情に精通することが難しいという短所はあるが，社内取締役と異なり，社長と「上司―部下」の関係にないため，経営に対する監督機能をより果たすことができると期待さ

れている。

2002年の商法改正によって，アメリカ型の企業統治モデルである委員会等設置会社を選択した場合には，社外取締役の設置が義務づけられることになった。また，社外取締役の法的な定義づけが行われた。その後，会社法は，社外取締役を置いていない会社にその理由の開示を求めていたが，2019年の改正により，公開会社，かつ大会社である監査役会設置会社であって，有価証券報告書を提出している会社に対し，社外取締役の設置を義務づけた。つまり，伝統的な日本型企業統治モデルの会社であっても社会的な影響力のある会社には社外取締役の設置を義務づけるに至った。

3. 委員会等設置会社の導入

(1) 趣 旨

度重なる日本企業による不祥事により，わが国の株式会社の監督機関が十分に機能していないことが問題視され続けてきた。そこで，制度上，アメリカ型の企業統治モデルに倣った委員会等設置会社を創設し，企業の判断により選択できることにした。なお，アメリカ型の「委員会設置会社」は，わが国の商法・会社法では，委員会等設置会社（2002）→委員会設置会社（2005）→指名委員会等設置会社（2014）と呼称が度々変更されているので学習時に混乱しないように気をつけよう（内容は同じである）。

会社が，定款に定めることによって委員会設置会社を選択をすると，監査役は置かれず，その代わりに社外取締役を中心とする，①「指名委員会」，②「監査委員会」，③「報酬委員会」の3つの委員会と，取締役会で選任される④「執行役」が置かれる（図2-14）。

社外取締役を中心とする3つの委員会を置くことによって取締役会の権限を強化するとともに，業務執行の決定権限を取締役会から執行役へ大幅に委任することを認め，迅速な意思決定を可能にした。委員会等設置会社では，監査役制度や代表取締役制度がなくなり，その代わりに監査委員会や代表執行役が置かれる。

アメリカ型の企業統治モデルである委員会設置会社のスタイルは，ソニー，

パナソニック，東芝，オリックス，イオンなどが導入し，上場会社では2003年（改正商法施行）には75社，2004年には22社，2005年には11社が導入するなど一時的に増加した，その一方で，情報通信会社ニイウスのように，委員会設置会社から監査役設置会社に移行した企業もある。日本を代表する大企業であるトヨタ自動車やキヤノンなどは，執行役員制や社外取締役制も導入せずに，日本型経営を維持し，高収益を上げており，わが国の会社の経営形態は二極分化の様相を呈している。日本経済新聞社が2005年6月に実施した調査結果によれば，委員会設置会社は監査役設置会社に比較し，企業価値や業績の面で大きく劣ることが明らかになった。

(2) 指名委員会等設置会社の構成

指名委員会等設置会社では「執行役」と「指名委員会」「監査委員会」「報酬委員会」という3つの委員会のすべてが設置される（図2-14）。委員会設置会社を選択した場合には，監査役を置くことはできない。

① 執 行 役

取締役会の決議によって「執行役」の選任・解任が決定される。さらに「執行役」の中から会社を代表する「代表執行役」が選任される。

② 各委員会

各委員会の委員は，取締役の中から取締役会の決議によって選定された3人以上の委員で構成される。かつ，委員の過半数は「社外取締役」でなければならない。なお，監査委員会の委員は，執行役と兼任することはできない。逆に，指名委員会と報酬委員会の委員は執行役との兼任は可能である。

(3) 特 徴

① 取締役は業務執行の決定と監督のみを行い，業務執行を行うことはできず，業務執行は執行役が行う。

② 従来，取締役会が業務執行者に委譲できなかった業務執行についての決定権限を広く執行役に委譲できるようになった。

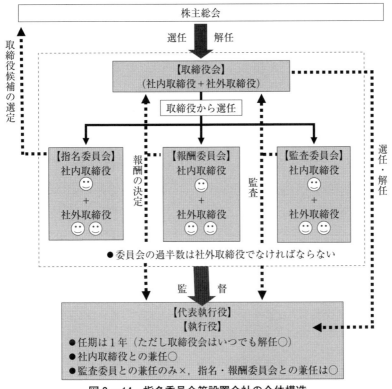

図 2 - 14 指名委員会等設置会社の全体構造

(4) 権　　限

表 2 - 10 執行役と各委員会の権限

執行役	会社の業務執行の決定をなす権限を有する。執行役は 3 ヵ月に 1 回以上取締役会に自己の職務執行の状況を報告しなければならない。
指名委員会	株主総会に提出する取締役の選任・解任に関する議案の内容を決定する権限を有する。
監査委員会	取締役および執行役の職務執行の監査，株主総会に提出する会計監査法人に関する議案の内容を決定する権限を有する。
報酬委員会	取締役および執行役が受ける個人別の報酬の内容を決定する権限を有する。

4．株主重視の経営への転換

　日本では，従来株主軽視の経営が一般的であったが，株主利益の重視への転換を図る企業が増加している。

(1)　配当政策の見直し

　従来の低配当政策を見直し，より高配当を行う。

(2)　IR（Investor Relations）活動への積極的な取組み

　IR 活動（投資家向けの広報活動）を積極的に行い，利害関係者への説明責任を果たす。

(3)　自社株買いの実施

　商法では従来自己株式の取得は原則禁止されていたが，商法改正により自己株式の取得は現在では認められている。自己株式を取得し消却を行うと発行済株式数が減少するため1株あたりの資産価値が増大し，株主の利益となる。

5．コンプライアンスへの取組み

　コンプライアンスとは法令遵守のことを意味している。日本企業では法令違反を含む企業不祥事が多発したため，近年ではコーポレート・ガバナンスと並んでコンプライアンスの強化を行う企業が増加している。具体的には法令遵守の基準や企業倫理の規定を定めたり，その監視部門の設置，従業員への教育が行われている。

(1)　経営トップのコミットメント

　組織の行動規範を明確にするためにも，トップ・マネジメントの経営姿勢を社内外に示すことが必要である。

(2)　コンプライアンス制度の構築

　コンプライアンスを社内で円滑かつ定常的に遂行するための制度の構築が必要である。内部監査制度や内部通報制度などにより，チェック機能を構築する必要がある。

(3)　企業風土・企業文化の改革

　いくら優れた制度を構築しても，組織の構成員一人ひとりの意識が変わらなければ，組織全体の価値観は変わらない。経営トップの現場へのコミットメン

トやコンプライアンスに関する教育・研修・評価制度によって企業風土や企業文化を変革していくことが必要である。

6．内部統制

「内部統制」とは，不正やミスを発生させず，組織が健全かつ有効・効率的に運営されるよう各業務で基準や手続を定め，それに基づいて管理・監視を行うことをいう。内部統制に関する事実上の世界標準である「COSO レポート」(1992年に米国のトレッドウェイ委員会支援組織委員会が内部統制に関する考え方をまとめたもの）によると，内部統制は，①業務の有効性・効率性，②財務報告の信頼性，③事業活動に関わる法令等の遵守の3つの目的を達成するために，合理的な保証を提供することを意図した，取締役会，経営者及びその他の職員によって遂行される一つのプロセスであると定義される。特に，法令の遵守は「コンプライアンス」と呼ばれ，企業の存亡に関わる重要課題として認識されている。また，「COSO レポート」は，(i)統制環境，(ii)リスクの評価，(iii)統制活動，(iv)情報と伝達，(v)監視活動（モニタリング）の5つの構成要素を内部統制評価の基準として位置づけている。

7．日本版 SOX 法（J-SOX 法，金融商品取引法）

わが国の企業経営で相次ぐ会計不祥事やコンプライアンス違反などを防止するためにアメリカの「サーベンス・オクスリー法（Sarbanes-Oxley Act of 2002. SOX 法，企業改革法）」に倣って整備された日本の法規制のことを指す。上場企業およびその連結子会社に，会計監査制度の充実と企業の内部統制強化を求めている。「日本版 SOX 法」という呼び名は俗称であり，実際には証券取引法の抜本改正である「金融商品取引法」の一部規定がこれに該当する。有価証券報告書を提出しなければならない会社のうち，金融商品取引所に上場している会社は，事業年度ごとに，内部統制報告書を有価証券報告書と併せて内閣総理大臣に提出しなければならない。また，内部統制報告書は，公認会計士又は監査法人の監査証明を受けなければならない。日本版 SOX 法は基本的に米国のSOX 法を踏襲する内容となっている。米国の SOX 法は，6で述べた「COSOフレームワーク」（3つの目的と5つの構成要素）によって成り立っている。2005

年の会社法改正においても内部統制システムの構築と公表が義務づけられた。

8. 公益通報者保護法（2006年4月1日施行）

公益のために通報を行った労働者に対する解雇等の不利益な扱いを禁止する法律である。内部告発者（法律上は「公益通報者」）を保護するために解雇その他の不利益な取扱いを禁止した。しかし，一部の企業では，内部通報制度が十分に機能せず，公益通報者が不利益な扱いを受ける事例が見受けられた。法律についても，適用範囲が狭く，保護される公益通報者の要件が厳しすぎることや，違反しても企業に罰則がないことなどから，実効性に問題があるという指摘があった。このような背景から，社会問題化するような企業の不祥事が後を絶たず，問題を解決するために，2020年に通報者を保護するとともに，内部通報の実効性を強化するための法改正が行われた。

9. 株主代表訴訟制度の拡充

株主代表訴訟制度とは，取締役や監査役が株主に対して不利益な行動をとった場合に，株主が取締役や監査役を訴えることができる制度をいう。株主代表訴訟においては，原告が株主，被告が取締役となるが，訴えの内容としては「取締役○○は株式会社××に対して△△円支払え」などといった形になり，原告である株主には直接の利益はもたらさない。訴えによって利益を得るのは会社であり，原告自身が直接にお金を貰うわけではないことに注意が必要である（原告は，役員等の賠償により会社の損害が回復され，株式の価値が上がるという間接的な利益のみを得る）。従来の株主代表訴訟制度では訴訟費用が高額になるため現実に訴訟を起こすことが困難であったが，1993年の商法改正により訴訟手数料が8,200円（現在は13,000円）に引き下げられ，より訴訟を起こしやすくなった。「6ヶ月以上」株式を保有する株主は提訴できる。

大和銀行（現在のりそな銀行）のアメリカ合衆国における法令違反によって生じた損害に対し，取締役の善管注意義務違反を理由として最高7億7,500万USドル（5億3,000万ドルに利息を足した総額）という巨額の支払いを命じる判決が出された（大阪地方裁判所平成12年9月20日判決）。これを過大な賠償請求であると感じた経済界は株主代表訴訟制度へ激しく反発し，その結果，取締役の責任

を軽減すべく商法改正が進められ，平成13年12月の商法改正により，敗訴した場合の取締役が負うべき賠償額の上限は，代表取締役が報酬の 6 年分，社内取締役が 4 年分と軽減された。

10．ストック・オプション制

ストック・オプションとは一定期間内に一定の自社株式を一定の価格で買い取ることのできる権利であり，1997年の商法改正で認められた。ストック・オプションを経営者や従業員に付与することにより株価の上昇が経営者や従業員の利益となるため，企業の業績向上や株価の上昇に対する経営者や従業員の意欲を高めることができる効果がある。

11．従業員持株会

従業員持株会は，従業員に自社の株式を廉価で譲渡し，従業員が自社の株式を所有し株主となることを意味する。従業員持株会は企業にとって安定株主工作の一環であると同時に，従業員の株価の上昇に対する意欲を高めることができる効果がある。

Ⅵ．米国企業のコーポレート・ガバナンス

前述したように，米国企業では機関投資家などの株主の影響力が強いことから，株主利益重視の経営が行われていること，社外取締役が多く経営の監督責任を負う取締役と執行役員を人格的に分離させていることが大きな特長である。株主の取締役会を通じた経営陣の監督が十分に機能しているため，経営陣は一般的に株主の利益を重視した経営を行う。株主の利益を損ねるような行動をとった経営陣や，業績向上ができない経営陣は即刻変更させることが可能となっている。

Ⅶ．ドイツにおけるコーポレート・ガバナンス

日本，アメリカとも全く異なる独特な制度である。

1．ドイツにおける株式所有構造

ドイツではユニバーサル・バンクと呼ばれる銀行が非常に強い影響力を持っ

46

表 2 −11　日米企業の所有構造の（まとめ）

	日　本（1990年代前半まで）	米　国
主要株主	・法人株主が多数を占め，そのほとんどが安定株主として機能する（例：メインバンク，企業集団）。 ・株式の相互持合が一般的であった。	・機関投資家と個人投資家が大部分を占める（浮動株主）。
主要株主の行動	・所有する株式を頻繁に売買することはあまりなかった。 ・株主総会では通常，現経営陣を支援するいわゆる「シャンシャン総会」が横行していた。	・より高い配当や値上がり益を求めて頻繁に持株を売買する。 ・株主総会でも，自己の利益を求めて積極的に発言する（モノを言う株主）。
企業経営への影響	・株主の影響力は一般的に小さい。 ・長期的な観点による経営が可能となる。 ・敵対的 M&A がされにくい。 ・個人株主の利益は軽視されがちである。	・株主の影響力が非常に大きい。 ・短期的な視野に立った経営になりやすい。 ・敵対的 M&A を受けやすい。
資金調達法	・銀行借入など間接金融が中心	・新株発行など直接金融が中心

ている（ドイツ銀行，コメルツ銀行，ドレスナー銀行をドイツ３大銀行という）。ドイツの銀行は伝統的に銀行本体で証券業務を営むことができ，日本の「証券会社」にあたる金融機関はなく，証券市場では銀行が主要な市場参加者となっている。ドイツの銀行の大半はユニバーサル・バンクであり，全銀行の総資産に占めるユニバーサル・バンクの総資産の比率は約70％を超える。したがって，ドイツの銀行は，企業の債権者であると同時に株主でもある。また，銀行は株式を銀行に預託する顧客の株式の議決権を代理行使することができ，株主としても多大な影響力を企業に対して有している。

２．特徴……二層式システムと共同決定制度

ドイツでは日米とは異なり株主総会において監査役会の役員が選任され，監査役会が経営執行を行う執行役を選任する。その上で「監督機関としての監査役会」と「執行機関としての執行役会」という二元的な構成となっており，両者は組織としても人的にも完全に分離しており，監査役会と執行役会のメンバーを兼務することは認められない（二層式システム）。また，監査役会は「共

同決定制度」に基づき労働者が選出した監査役と株主が選出した監査役の各半
数で構成されている。ドイツでは監査役会が経営の監督機関として機能してお
り，執行役会（取締役会）が経営の業務執行機関として，日米とは監査役や取
締役の意味が異なる。近年影響力は低下傾向にあるとはいえ，大手銀行は多数
の監査役を企業に送り込んで影響力を行使している。

第3章　経営学説史

　この単元では，過去の著名な経営者や経営学者の経験や研究について学びます。過去の様々な経営の歴史の上に現在の経営理論や経営の実践手法があることを忘れてはなりません。また，後に説明する「経営組織論」「経営管理論」「経営戦略論」等の主要な単元の基礎となる内容も多く含まれています。また，現代の企業経営から見ても先進的な取組みが実践されていたことに驚くことも多いでしょう。

第1節　テイラーの科学的管理法

　19世紀末から20世紀初頭にかけて，米国のミッドベール製鉄所の機械技師，後の顧問技師であったテイラー（Taylor, F. W.）とその仲間たちが生み出した管理手法で，その管理技術の体系を「テイラーシステム」，指導理念を「テイラリズム」という。「テイラーシステム」は，近代的マネジメントの原点とされる（テイラーは経営史上初めて体系的企業管理論を提唱したことから「**科学的管理法の父**」とも呼ばれる）。テイラーは，「機械工→組長→職長」を経験し，この間，日給の現場作業者から現場監督者まで，生産現場の多様な職種を経験したことから，当時の生産現場の実情や矛盾を熟知した。テイラーは，工作機械や作業工程の改善に取り組み，様々な作業実験を行い作業能率の向上に努めた。

I．「成行管理」（非科学的管理法）から「課業（タスク）管理」
　（科学的管理法）へ

　科学的管理法が成立する以前の19世紀後半，米国産業界では鉄道網の発達や機械の導入が進み，製造業の生産量拡大が続いていた。当時は出来高給制が一

般的だったため，労働者の賃金は際限なく上昇し，高すぎる賃金水準に耐えられない雇用者は出来高単価（賃率）の引き下げを繰り返していた（成行管理）。その結果，労働者は「よく働けば働くほど賃金率が下がる」と考えるようになり，「組織的怠業」が頻発し，労使の対立が激化していた。テイラーはここに課業（task＝1日に完了すべき基準仕事量）の概念を導入し，標準的な仕事を達成した者には割り増し賃金を，そうでない者には定額賃金（最低賃金）のみを支払うという差別的出来高制を提唱し，これにより「組織的怠業」を解消しようとした（課業管理）。テイラーは，課業を客観的に設定するため，その仕事で一流の作業者が一つひとつの作業にどれくらい時間を要しているかをストップウオッチで計測する技法（時間研究）を考案した。

1．成行管理……それまでのアメリカの職場の管理システム

　当時のアメリカは，単純出来高給制度（出来高×賃金＝給料総額）を採用していた。したがって，労働者が努力するほど賃金は多くなる（人件費増大は，雇用者の負担増大につながる）。この状況に対して，雇用者は，労働者の賃金引き下げを行った。この結果，労働者は努力したことによって，逆に賃金が下がってしまうという矛盾に直面した。そこで，労働者側からの対抗手段として「組織的怠業」が発生した。この状況に直面した現場監督者としてのテイラーはいかに対応したのであろうか。

2．課業（タスク）管理……テイラーが考案した職場の管理方法

　一流の労働者の作業を観察し，作業に必要な動作や時間を決定する（動作研究・時間研究）。これを基に課業（タスク）を決定する。この研究過程で作業の細分化・単純化・標準化・客観化が進んだ。タスクを達成した労働者には高賃金を与え，達成できなかった労働者には低賃金を与えるという差別的出来高給制が採用された。

　以上のように，「科学的管理法」とは，組織的な経済活動（特に製造業の生産活動）において，実務作業者の仕事に関する基準仕事量と標準的な手順を合理的・科学的な方法で定め，管理者の下で計画的に活動を行うことで，能率・生産性を最大化しようという管理手法のことをいう。

Ⅱ．「万能職長制度」から「機能別（職能別）職長制」へ

「科学的管理法」に加えて，工場内の労働者（補助的作業者）の指揮・監督を一手に仕切っていた熟練工である「万能職長」（foreman＝親方）の機能を「計画」と「執行」に分離する「職能別職長制」を提案した（「計画」と「執行」の分離）。

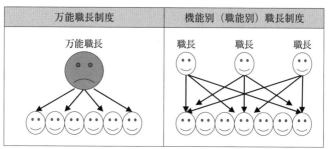

| 万能職長制度 | 機能別（職能別）職長制度 |

●それぞれの仕事を各職長に分担させた。その結果，職長達の負担は軽減された。

図3－1　機能別（職能別）職長制

Ⅲ．人間観……経済人モデル，機械人モデル

人間は最も合理的な選択を行う存在である（人間は経済的報酬によって動機づけられる）と捉えるモデルである。

アメリカでは，19世紀末から工場生産の作業能率を高めようという「能率増進運動」が展開されており，それを理論的に支えたのがテイラーの「科学的管理法」であった。彼が執筆した『科学的管理法の諸理論』（1911）は多方面に多大な影響を及ぼした。テイラーシステムは，当初は労働者の反発を招いたが，民間経営の分野で大きな成功を収めたばかりでなく行政分野にまで広まった。

表3－1　テイラーの人間観

	テイラー以前の見方	テイラーの見方
職場管理の方法 （給与の算定方法）	成行管理 （単純出来高給制）	課業管理 （差別的出来高給制）
現場監督者のあり方	万能職長制	機能（職能）別職長制
労働者の見方	―	機械人（経済人）モデル

第 2 節　フォードの科学的管理法の「実行」

　フォード（Ford, H.）は，20世紀の生活様式を一変させた人物である（自動車王）。フォードは，16歳でデトロイトの機械工場へ見習工として採用され，やがてエジソン電気会社の技師となった。しかしすぐにやめて，新しいエンジンの開発に取り組み，1896年には自分の家にガレージを建て，その中で最初の自動車を完成させた。その後，1903年にはミシガン州ランシングに「フォード・モーター会社」を創立，試作に試作を重ねた後，歴史に残る「Ｔ型フォード車」の開発に成功した。その当時，自動車は僅かに走っていたが実用品ではなく，富裕層だけが持ち得る玩具のようなもので，それをフォードが一変させたのである。1913年には「ベルト・コンベアー方式（移動組立法）」による流れ作業方式（フォード・システム）によって「大量生産」を実現させた。これはフォードの経営哲学が社会的に受け入れられる決定打となった（フォードは，自動車を製造している労働者自身が，その自動車を買えるようになることを目標としていた）。Ｔ型フォード車を開発した1908年には１万607台を製造し，１台850ドルで販売したが，1916年には年間73万台を越える生産台数となり，価格も360ドルにまで引き下げることに成功した。さらに1924年には290ドルという低価格を実現させた。1927年まで，Ｔ型フォード車は，合計1,500万台以上を生産した。これは，一家に１台という普及状態であり，アメリカが世界に先駆けて大衆消費社会化することを実現させたのである。この時代には，私企業経営者達の関心は，テイラリズムのような工場レベル（作業の科学）の管理から，企業全般の管理へと移行していった（組織の科学）。

Ⅰ．フォード・システムの成功……生産管理システム

1．標　準　化

　使用部品に互換性を持たせ労働者の作業条件を限定し，特定の作業だけに集中させ，Ｔ型フォード車（黒色）を大量生産した。

2．移動組立法（ベルト・コンベアーシステム）

　移動組立法は，生産ラインの飛躍的向上に貢献した。すなわち，生産の合理化を追求し，「受注生産方式」から見込生産による「大量生産方式」へと転換した。

Ⅱ．フォーディズム……フォードの経営哲学

図3－2　T型フォード車

　フォーディズムとは，フォードの「高品質の製品を低価格で提供し，高能率の労働者には高賃金で応える」という経営哲学のことをいう。その労働者が消費者となる。すなわち，労働者への高賃金が次の購買力の源泉になる。この好循環により企業の長期的存続が可能となる。フォードは，経営の目的は「国民への奉仕」にあり，「利潤追求」はその奉仕の結果であると考えた。

第3節　ファヨールの管理過程
（マネジメント・サイクル）論

　ファヨール（Fayol, J. H.）は，テイラーとほぼ同時期に科学的な管理方法について考えていたが，ファヨールがフランス人であったことから，アメリカではあまり知られなかった。しかし，後にファヨールの著作が翻訳されると，アメリカ的な経営理論の中核をなす理論として高い評価を得，後に「**管理原則の父**」と呼ばれるまでになった。ファヨールは，鉱山技師としての技術的な知識のみならず，現場管理の経験者として鉱山経営に必要な知識も有しており，フランス中部の炭鉱・鉄鋼の代表的企業であるコマンボール社の社長に1888年に就任した。ファヨールは30年間，同社の社長を務め，この間，鉱山以外の多角経営にも乗り出し，同社を優良企業に育て上げた。ファヨールは社長としての経験を独自の管理理論にまとめ，経営の科学化と教育に努めた（「ファイヨリズム」）。

ファヨールは，1900年にフランスの鉱山・鉄鋼国際会議で「産業における経営の役割」というタイトルで報告を行い好評を博し，1908年に開かれた鉱業協会50周年の大会で再び発表を行った。これらの報告内容は，1917年に『産業ならびに一般の管理』として出版された。つまり，テイラーと同時期に既に経営管理の基本を体系的にまとめていたということになる。

Ⅰ．6つの企業活動

　ファヨールによれば，企業活動には以下の6つの活動があり，これらは企業の本質的機能であり，どれか一つが欠けても企業は「衰退」し「死滅」する可能性さえあるという。

表3－2　ファヨールの6つの企業活動

①技術活動…生産，製造，加工 ②商業活動…購買，販売，交換 ③財務活動…資本の調達と運用 ④保全活動…財産と従業員の保護 ⑤会計活動…棚卸，貸借対照表，原価計算，等 ⑥管理活動…予測，組織化，指令，調整，統合	ファヨールによれば，「管理活動」のみがもっぱら人間を対象にし，全般的計画を立て会社会体を構成し，①～⑤を調整し各活動を調和させている。

　「管理活動」は，企業の規模が大きくなればなるほど大きくなるとファヨールはいう。ファヨールの区分では単独企業（15%）→小企業（25%）→中企業（30%）→大企業（40%）の順に管理活動の比重が高まり，超大企業では50%，国営企業では60%が「管理活動」にあてられる（ただし，これらの数字はファヨールが経験的にあてはめたもので，厳密な裏付けがあるわけではない）。ファヨールは「管理」という職能を他の活動から切り離し，上級職に必要なものと位置づけ，科学的な分析を試みたのである。また，当時，「管理」は個人的な資質によるものと考えられていたが，ファヨールは，科学的に法則を持つ普遍的な職能と考えていたのである（図3－3）。

Ⅱ．14の管理原則

　管理能力は教育によって習得できる。その基準となるのが「14の管理原則」

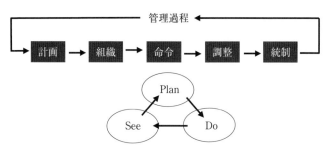

●管理過程は，すべての経営手法にあてはまる万能なものと説明された。

図3－3　管理過程（マネジメントサイクル）

である。「管理原則」とは，管理（他の人々と協力して目標や目的を達成すること）を成功させるために必要な管理上の規則であり，組織を合理的に編成したり，効果的に管理するために必要な行動指針である。

> **【14の管理原則】**
> ① 分業，② 権限と責任，③ 規律，④ 命令の一元性，⑤ 指揮の一元性，⑥ 個人的利益の一般的利益への従属，⑦ 従業員の報酬，⑧ 集権化，⑨ 階層的組織，⑩ 秩序，⑪ 公平，⑫ 職位の安定，⑬ イニシアティブ，⑭ 団結

　ファヨール自身も述べているように「管理原則」は無数にあり，この14の管理原則は特に重要だと思われるものをファヨールが個人的意見として挙げたものにすぎない。したがって，この「管理原則」には，相互矛盾するものも含まれている点に注意しなければならない。シカゴ学派のサイモン（Simon, H. A.）は，これらの原則は諺のように意味が曖昧な上に科学的裏付けもなく，矛盾するものもあることを指摘した。しかし，管理原則 ④ の「命令の一元性」から，ファヨールの組織観は「ライン組織」となる（図3－4）。

　また，ファヨールが，テイラーの「機能別職長制」を批判し，「命令の一元性」を強調した点も重要である。

　テイラーやファヨールなどによって主張された「科学的管理法」（経済人・機械人モデルを前提とした「計画と執行の分離」という合理的経営観）によって20世

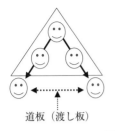

「ライン組織」は「命令の一元性」という点では優れるが，横のつながりがなく職場の部下同士の意思疎通が上司を通してしか図れなくなってしまう。そこで，上司の了解の下で，部下同士が直接連絡できるような「ファヨールの道板」（渡し板）を設けて橋渡しをすべきである（管理原則 ⑨ から，権限系統の尊重と迅速性を考慮して調整する必要性から）。

道板（渡し板）

図3－4　ライン組織を補完する道坂

紀のアメリカ企業は大量生産方式による生産性の向上に成功するが，一方で労働者の疎外を生み出した。その状態に対し，心理学者・社会学者が中心となり，「社会人モデル」[1] に基づく，「人間関係論」の視点から「科学的管理法」に批判がなされていくことになった。

1）「社会人モデル（仮説）」とは，人間を孤立した個人としてではなく，集団の一員としての社会的存在として捉えた人間観。個人を経済的欲求だけではなく，友情や帰属感などの社会的欲求をはかろうとする存在として捉える見方である。

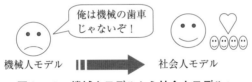

機械人モデル　　　　　　　社会人モデル

図3－5　機械人モデルから社会人モデルへ

第4節　メイヨー＆レスリスバーガーの人間関係論

科学的管理法は，産業界に浸透していったが，科学的実証的に管理に関する実態調査を行おうとした結果，科学的管理法の結論を揺るがすような結論がもたらされた。これがハーバード学派のメイヨー（Mayo, G. E.）とレスリスバーガー（Roethlisberger, F. J.）らが中心となり，シカゴ郊外にあったウエスタン・エレクトリック社のホーソン工場で行われた一連の「ホーソン実験」（1927-1932）である。

Ⅰ．ホーソン実験の内容

表3－3　ホーソン実験の概要

【1】照明実験（1924-1927）
【内容】ウエスタン・エレクトリック社の技師が行った実験であり，照明照度と作業能率に関する調査が行われた。
【結果】照明照度と作業能率との相関関係は確認できなかった（月光程度の照度でも作業量は低下しなかった）。この結果，物理的な労働条件によって生産性が左右されるというテイラー的な仮説が否定され，徹底した調査が必要であると認識され，ハーバード学派が実験に参加することとなった。

【2】継電器（リレー）組立作業実験（1927-1932）
【内容】約40個の部品からなるリレー（継電器）を組み立てる工程で，6名の女性作業員を選んで個室の試験室に移し，作業条件（①賃金，②休憩時間，③軽食サービス，④部屋の温度・湿度など）を変えながら作業量の推移を測定した。
【結果】最初，作業条件を改善されると生産性が向上したが，この点はテイラー的考え方と一致した。しかし，作業条件を元に戻しても生産性が低下せずに，高水準で維持される結果が出た。この矛盾結果の原因は，それまでの100名単位の多人数職場から少人数の職場になったこと，6人は共通の友人であり仲間意識が強かったこと，実験に先立ち事前に検査部長によって実験趣旨や重要度が説明され十分に理解されていたこと，などが分析された。すなわち，6名のグループに責任感・友情・好意的雰囲気・事前情報などがもたらされ，高い「モラール（morale）」[※]が形成され，それが維持されていたため高い生産性が維持されたのである。
※「部隊の団結心」を意味する軍事用語で「士気」（やるべきことに前向きに取り組む姿勢）と訳される。一方，「モラル（moral）」は「やってはいけないことをわきまえる」道徳心や倫理性を意味する。

【3】面接実験（1928-1930）
【内容】工場全体の21,126名を対象に面接調査を行った。最初は研究者が「作業条件・監督方式・職務内容」について尋ねる「直接質問法」であったが，途中から自由な雰囲気と通常の会話の中で行う「非誘導法（非指示的面接法）」を導入した（職場の監督者も面接に加わった）。膨大な時間と労力をかけ，仕事と無関係な雑談なども行われ実験は失敗したかのように思われた。
【結果】仕事に関係のない雑談は，実は仕事とは無関係ではなく，面接によって相互理解が高まり生産性が向上した。従業員は自己の問題を話しているうちに，その問題の新しい解釈を発見し，面接を行った監督者は，部下の生活状況など職場の問題の背後にあるものを理解することができた。また，従業員は，事実に基づく不満と事実に関係のない不満を抱えており，事実に基づかない不満は感情的なものであり，全体的な状況（個人的経歴や職場状況）に左右されることがわかった。その結果，①人間の行動は感情と切り離せないこと，②人間の感情は偽装されること，③感情の表現は全体的な状況の中で理解すべきことがわかったのである。

【4】バンク配線作業実験（1931-1932）
【内容】「面接実験」の結果，職場における人間関係や人間の感情がいかに重要であるかがわかったが，複雑な人間関係や職場状況を知るためにはさらに詳しい調査を行う必要があった。そこで，14人のバンク（差込式電話交換台）の配線作業を行う作業員（今度は全員男性）を一つの部屋に集めて，作業員同士の人間関係を詳細に調べた。
【結果】14人の職場には，仲間集団である「非公式組織（インフォーマル組織）※」が存在しており，重要な役割を果たしていることが明らかになった。この実験から，「非公式組織」は，①仕事に精を出すな，②仕事を怠け過ぎるな，③上司に告げ口するな，④偉ぶったりおせっかいをやくなという「4つの感情」に支配されていることがわかった（つまり，仲間に迷惑をかけずに上手くやるという感情が働いていた）。非公式集団内の価値基準や規範によって作業能率が規定されていることが明らかになった。
※職場内の個人的な接触や相互作用から自然に形成される小集団のことである。一方，共通の明確な目標を達成するために意識的に作られた組織を「公式組織（フォーマル組織）」という。

Ⅱ．「ホーソン実験」の成果を踏まえたメイヨーの主張点

　人間は，①「経済的成果」よりも「社会的成果」を求め，②「合理的理由」よりも「感情的理由」に左右され，③「公式組織」よりも「非公式組織」の影響を受けやすいと指摘した。すなわち，人間は連帯的・献身的・感情的に行動する「社会人」（情緒人）であり，科学的管理法が前提としたような孤立的・打算的・合理的に行動する「経済人」ではないと批判した。

Ⅲ．人間関係論の限界

　人間関係論は，1940年代に浸透するが，①インフォーマル組織の偏重，②労働者の非合理的主義志向，③経済的動機の否定，等に問題があった。また，人間は個人目的をもって組織に参加しているが，人間関係論においては個人目的のために自律的に行動する人間の側面が分析されなかったことに限界があった。すなわち，職場の人間環境が良好であっても，それらが仕事の効率性につながる保証はなく，仕事そのものにやりがいがなければ，組織全体の効率性は高まらない。このような点が，後述する「行動科学論」の立場から批判されることになる。1950年代に登場した「行動科学論」は，仕事を通じた自己実現の欲求を満たすことによって労働意欲を高めようという理論である。「行動科学論」については，バーナードの近代管理論，サイモンの意思決定論の後に第7

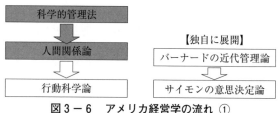

図3−6　アメリカ経営学の流れ ①

節で解説する（70頁参照）。

第5節　バーナードの近代管理論

バーナード（Barnard, C. I.）は，ニュージャージーベル社の社長であった（『経営者の役割』1938）。組織は孤立した個人の集団ではなく，相互に影響を及ぼしながら成立する体系（システム）と捉えている。この組織（システム）をいかに維持していくべきかが，バーナードのメイン研究テーマである。科学的管理法と人間関係論の理論を統合した「**近代管理論**」を構築した（近代管理論の創始者）。その業績は「**バーナード革命**」とまで言われた。

I. 人 間 観

バーナードは，機械人モデル・社会人モデルとも異なる人間観である「全人格的人間観」を導入した。すなわち，人間には様々な側面があるという点を指摘している。また，個人の力には限界があり，そこに，「共通目的」を持つ複数の人間が「協働」する必要性が生じることを指摘した。この協働のための仕組

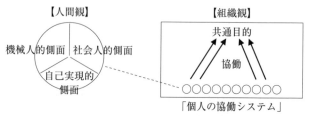

図3−7　バーナードの人間観と組織観

みを「協働体系（システム）」という（図3－7）。

Ⅱ．組 織 観

　2人以上の人々の意識的に調整された活動や諸力の体系（システム）であり，「経営者の役割」は，この組織を維持することにある。これは，フォーマル組織を意識した定義である（システムズ・アプローチ）。また，彼は組織を「物的・個人的・社会的構成要素の複合体」と説明しており，組織を「オープン・システム（開放体系)」と見ている。

Ⅲ．組織の「3要素」

1．共通目的

　個人目的を統合させた組織としての目的のことである。共通目的は，個人の目的と一致する必要はないが，少なくともメンバーの合理が得られるものでなければならない。「共通目的」の達成度を示す指標が「有効性」概念である。すなわち，「業績が上がった」ということは，換言すれば，「有効性が高くなった」ということである。

> 共通目的　⇔　動機（モチベーション）

　「動機（モチベーション）」とは，個人の行動の原動力となるものである。協働の結果としての個人の満足度を示すのが「能率」概念である。すなわち，「給料が上がった」ということは「能率が高まった」ということである。結局，組織を維持（組織均衡）していくためには，組織の「有効性」と「能率性」を同時に高める必要がある。

2．貢献意欲（協働意欲）

　貢献意欲とは，個人の努力を共通目的の実現のために寄与していこうとする意志である。人間行動には，① 個人的な目的から行動する「個人人格」の側面と，② 組織の一員として行動する「組織人格」の側面がある（詳細は後述）。「個人人格」としての人間は，自由意志の下で行動しており，組織に「貢献」する

かどうかも個人の意志による。したがって，組織は何らかの「誘因」を個人に提供しなければならない。「**貢献意欲**」は，組織が提供する「誘因」が，組織に提供する「貢献」よりも大きいと各個人が主観的に判断したときに生じる。「誘因」とは，組織側から個々人の「**動機**」を満足させようとして提供されるものをいう（例：給与，地位など）。したがって，個人が「貢献意欲」を持って組織に参加し続けるためには，以下のような状態が必要である。

$$\boxed{組織からの誘因の総和} \geqq \boxed{個人の貢献の総和}$$

この場合に個人が組織に参加する。

3．コミュニケーション

コミュニケーションとは，意志の伝達及び伝達経路である。コミュニケーションによって，組織の「共通目的」と「誘因」が組織員に伝達され，「貢献意欲」が生み出される。コミュニケーションが体系化（システム化）されたものが組織構造である（コミュニケーション・システム）。

コミュニケーションは，その伝達方法によって3分類される。

上から下へのコミュニケーション	指揮命令，情報や業績のフィードバック
下から上へのコミュニケーション	報告，連絡，相談，提案
横やななめのコミュニケーション	メンバー間のミーティング，ラインとスタッフのコミュニケーション

Ⅳ．組織均衡理論

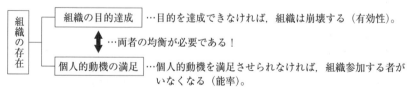

図3－8　組織均衡理論の考え方

Ⅴ．権威受容説

　いかに上司の命令といえども，部下の抵抗に遭えば，その威力を発揮することはできない。この点に着目したバーナードは，権威や権限は部下の受容や同意に基づいて成立すると主張し，組織内の部下が，上司の命令（権威）を受け容れる過程を分析した。

(1)　「機能の権威」……上司の学識・専門的知識に部下が感服する場合の権威である。

(2)　「地位の権威」……上司の能力と関係なく，上司の地位によって認められる権威である。

(3)　「権限行使」……法令・規則に基づく，指揮命令権，制裁権による服従である。

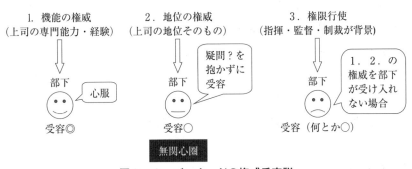

図3－9　バーナードの権威受容説

Ⅵ．道徳的リーダーシップ

　バーナードは，経営者のリーダーシップの「道徳的側面」を強調した。すなわち，経営者は，経営理念などを通じて，組織構成員の価値観などを統合し，協働に導く役割があると考えた。

Ⅶ．個人人格と組織人格

　組織における個人は「個人人格」と「組織人格」という2つの人格を同時に持っている（図3－10）。

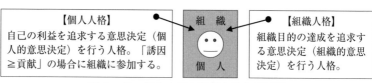

図3−10　個人人格と組織人格との関係

　各個人は,「個人的意思決定」によって組織に参加すると「組織的意思決定」を行うようになる。すなわち, バーナードは「意思決定の相互作用の体系」を組織の活動と考えた。しかし,「個人人格」と「組織人格」は対立することが多く（例：私生活 vs 仕事, 個人的な倫理観 vs 企業倫理）, それらの解決の重要性を指摘している。

　従来の経営者による組織の管理は,「いかに組織員に仕事をさせるか」という視点で行われてきたが, バーナードは「管理＝意思決定」という新たな視点を提示した。これらの「意思決定」を通じた個人や組織の見方は, 後述する H. A. サイモンに大きな影響を与えた。

第6節　意思決定論

Ⅰ.「意思決定」とは

　一定の目的を達成するために複数の代替手段の中から, 一つ（または少数）の選択手段を選択する人間の合理的な行動をいう。この立場は, 人間の行動を「意思決定」によって理解する考え方である。バーナードの理論を継承したサイモン（シカゴ学派）は, 従来の伝統的管理論（ファヨールら）の曖昧な定義や矛盾を, 意思決定のシステムとしての組織理論から分析した。すなわち, バーナードによって着手された「意思決定論」は, サイモン, マーチ, オルセン, コーエンらによって精緻化されていくことになったのである。意思決定論は意思決定のシステムとしての組織理論研究である。

Ⅱ. サイモン（行政学者）の意思決定論

　サイモン（Simon, H. A.）は, 実務家であったバーナードと違い研究者として

の理論を展開する。特に，経営管理≒意思決定（代替案の中からの選択）と捉えた。

1．人　間　観

意思決定を行う「人間」そのものをどのような存在と見るか。

(1)　「最適化（極大化）」意思決定モデル（伝統的な経済学の見方）

　　　【前　提】……経済人仮説（完全な能力と合理性を持った人間）。

　　　　　　　　　意思決定者は必要な全ての情報を入手することが可能で，

　　　　　　　　　その情報の中から最適な代替案（客観的に見て最大の効用

　　　　　　　　　を生むもの）を選択する。

　　　【評　価】……現実的ではない。

(2)　「満足化」意思決定モデル（経営学の見方）

　　　【前　提】……経営人仮説・管理人仮説（制約された能力と合理性を持っ

　　　　　　　　　た人間）。

　　　　　　　　　満足いくまで代替案の選択を繰り返す。なかなか満足でき

　　　　　　　　　ない場合は，基準を引き下げる。

表 3 － 4　　人間観の比較

	経済人	管理人・経営人
情報収集能力	全ての代替案を得ることができる	代替案の一部のみ
結果予測力	代替案選択の結果はわかっている	結果は部分的予測できるのみ
意思決定力	最適な代替案を選択できる	満足することができる行動を選択
合理性	客観的合理性	主観的合理性

2．決定前提

「意思決定」の前提となるものを考えてみよう。

　確かにサイモンは，バーナードの組織論や意思決定論を継承したが，バーナードが合理的側面だけでなく道徳的側面（規範的価値の側面）をも分析したのに対し，サイモンは検証可能な事実と論理性を重視する「論理実証主義」に立ち，意識的に道徳的側面を排除した。すなわち，サイモンは「価値前提」よりも「事

価値前提（意思決定者の価値観）	事実前提（意思決定者の事実判断）
倫理的命題であり，経験的に検証することが難しいもので，主観的な価値判断に基づくものである（例：経営理念，経営目標）。	事実的命題であり，経験的な観察可能性を持ち，真偽を検証できるものをいう（例：企業競争環境，経済動向）。

意思決定

行　動

図3－11　サイモンの決定前提

「実前提」を重視したのである。

3．意思決定のプロセス

　サイモンは，「意思決定」の過程を5つの局面に分類し，「制限された合理性」しか持ちえない人間の意思決定において，意思決定過程自体の合理性の検討・確保が重要であると考えた（図3－12）。

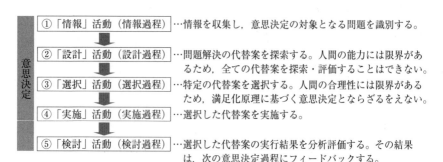

意思決定	①「情報」活動（情報過程）	…情報を収集し，意思決定の対象となる問題を識別する。
	②「設計」活動（設計過程）	…問題解決の代替案を探索する。人間の能力には限界があるため，全ての代替案を探索・評価することはできない。
	③「選択」活動（選択過程）	…特定の代替案を選択する。人間の合理性には限界があるため，満足化原理に基づく意思決定とならざるをえない。
	④「実施」活動（実施過程）	…選択した代替案を実施する。
	⑤「検討」活動（検討過程）	…選択した代替案の実行結果を分析評価する。その結果は，次の意思決定過程にフィードバックする。

図3－12　サイモンの意思決定過程

4．「実質的合理性」と「手続的合理性」

　サイモンは，「実質的合理性」（どの代替案がよいかを見出すこと）と「手続的合理性」（代替案を収集するための適合的な方法手続を考案・適用すること）の区別を強調した。

5．「意思決定論」の2つのアプローチ（方法論）の違い

記述的意思決定論	規範的意思決定論
企業の中で実際の意思決定がどのように行われているかを記述しながら，その過程を明らかにしていく意思決定論。	選択すべき代替案は与えられたものとして，その代替案の中から合理的な選択（数学的手法を用いる場合が多い）に基づいて最善の代替案を選択する意思決定論。「どのような選択原理に基づいて選択すべきか」という実践規範を提供するモデル。
②理論化 意思決定過程⬆の記述・分析 ①組織における現実の意思決定	①目的⬇ ②最適な代替案を選択するための方法はどうあるべきか。
バーナードやサイモンの意思決定論	OR（オペレーションズ・リサーチ）ゲーム理論・数値的意思決定論

図3−13　2つの意思決定論

6．サイモンの意思決定の2分類

プログラム（手順）化されているか否かによって意思決定を2分類した。

問題解決手順（プログラム）あり ──▶	(1)　定型的意思決定
問題解決手順（プログラム）なし ──▶	(2)　非定型的意思決定

(1)　定型的（プログラム化された）意思決定

　通常の企業環境の下で，問題が反復して発生し，また問題発生の原因や結果が明確であり，あらかじめ定められた手続によって行うことができる意思決定をいう。すなわち，日常的に発生する問題に対する意思決定については，一定のプログラムに従えばよい。後述のアンゾフの階層的意思決定の「業務的意思決定」にあたる（例：業務マニュアル，クレームマニュアル，コンピュータ・シミュレーション，70頁Ⅶ．参照）。

(2) 非定型的（プログラム化されていない）意思決定

環境が常に変動し過去の経験に頼ることができないような非反復的な問題で，問題発生の原因と結果が不明確であり，既存の行動プログラムに頼ることができない意思決定である。すなわち，経営者は激動する企業環境に対して勘・経験法則・創造力などにより，まったく新しい意思決定を行う。後述のアンゾフの階層的意思決定の「戦略的意思決定」にあたる（70頁Ⅶ．参照）。

7．組織目的の階層化

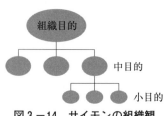

図3－14　サイモンの組織観

人間の合理性には限界があるため，大きな問題に一挙に対応することはできず，複雑な問題の解決にあたる場合，問題を分解して理解しようとする。「組織目的」は，複雑かつ大きな目的であるため，いくつかの「中目的」や「小目的」に分解する必要がある。その分解した問題群に担当者を配置すると組織が出来上がる。すなわち，「目的の階層化」が階層的な組織構造を生むのである。この「目的の階層化」によって人間の合理性の限界をある程度克服することができるのである。

8．受容圏

サイモンは，バーナードの「無関心圏」をさらに拡大させ，「受容圏」と捉えた（図3-15）。

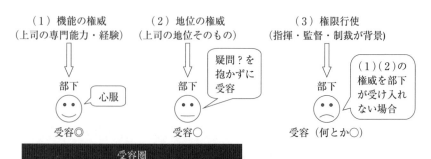

図3－15　サイモンの受容圏

Ⅲ．グレシャムの法則

意思決定者が，定型的意思決定に忙殺され，非定型的意思決定が後回しになり，将来の計画策定等が事実上消滅してしまうことをいう。

「悪貨　が　良貨　を　駆逐する」

「定型的意思決定が非定型的意思決定に優先する」

Ⅳ．サイモン＆マーチの「組織の中での意思決定」

サイモンとマーチ（March, J. G.）は，意思決定を「個人的意思決定」「組織的意思決定」の視点から分類する。

(1)　個人的意思決定……個人目的達成のために組織に参加するかどうかを決定する。

(2)　組織的意思決定……組織目的達成のために，どの程度の貢献をするかを決定する。

既にバーナードの「組織均衡理論」や「意思決定論」で，この考え方は主張されていた（59-60頁参照）。

(3)　バーナード理論の修正

バーナード理論では組織に在職しながらも不満足である従業員の行動を明確に説明することができない。そこで，経営人モデルを前提とした「満足基準」を導入し，次のように説明した。経営人モデルでは人間は全知全能の存在ではなく，「限定された合理性」しか持ち得ない。

誘因－貢献　≧　満足基準……満　足
誘因－貢献　＜　満足基準……不満足

図3－16　満足基準

その人間が自分の能力の範囲内で最低限の自己の満足基準を決定する。そして，組織に在籍することから得られる純粋な利益（誘因－貢献＝純粋利益）と満足基準を比較し，それにより組織均衡するかどうかが決定されると考えた。

ただし，不満足だからといって，直ちに組織から離脱するわけではなく，不満足解消のために，組織内で「問題志向的革新」がとられることもある点に注意しなければならない。

V．マーチ＆サイアートの「情報処理的意思決定論」

　バーナードの意思決定論をサイモンがさらに進化させ，さらに「意思決定過程の構造」を解明したのが，マーチとサイアート（Cyert, R. M.）である。彼らはコンピュータ・シミュレーション・モデルを活用し，理論の精緻化を行った（『企業の行動理論』1963）。彼らによれば，組織における意思決定とは，利用可能な情報に基づいて代替案の中から一定の目的に照らして選択を行うことである。この理論では，組織目標の中身はあまり問われず，組織目標そのものは所与のものとして，組織全体が情報処理のシステムであると捉えられている。このように「意思決定」を「情報選択」と捉え直すと，「意思決定の問題」は「情報処理の問題」と捉えることができる。システム的組織について，バーナードは「協働体系」，サイモンは「意思決定の複合体系」，マーチ＆サイアートは「情報処理の体系」と捉えたのである。マーチ＆サイアートは，(1)コンフリクトの準解決，(2)不確実性の回避，(3)問題解決志向の探索，(4)組織学習を考慮した上で「意思決定過程の構造」を明らかにした。

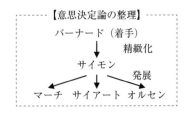

　【意思決定論の整理】
　バーナード（着手）
　　　↓　　精緻化
　　サイモン
　　　　　　発展
マーチ　サイアート　オルセン

(1)　コンフリクトの準解決

　●コンフリクト……合理的な意思決定ができないような状況。

　この状況では，完全な解決は無理なので，以下の①〜③のように準解決を図る。

① 目標への逐次的注目

いきなり大きな成果を挙げることは難しい。そこで下位目標から順次着目・達成していく（例：新規事業へ進出するために，まずは他企業を買収する）。

② 局部的合理性

ある企業が赤字ならば，売上問題とコストの問題に分解して解決を図る。

③ 受容可能な水準の意思決定ルールの採用

（例：新規事業へ参入する際の投資収益率30％を20％へ下げる）。

(2) 不確実性の回避

組織は，不確実性に対し真正面から対処するのではなく，回避する傾向にある（例：不確実な長期生産予測を回避し，需要の動向に応じて生産量を調整する）。

(3) 問題解決志向の探索

問題がない限りは探索活動は行わず，問題が生じたときに解答を探索する。

(4) 組織学習

組織が学習を通じて目標を修正し，探索活動を変えていく活動のこと（例：下請企業との関係でコスト削減に成功→社内的にもコスト削減しよう）。

マーチ＆サイアートは，このようなフレームワークに基づいて意思決定を説明するとともに，その中で発生する問題を具体的に克服するために，新たに「コンピュータ・シミュレーション・モデル」を提示した。

VI. マーチ＆オルセンの「ごみ箱モデル」

サイモンの意思決定論は極めて合理的かつ論理的なものであった。しかし，現実の意思決定の現場でこれを行えば，膨大な能力と時間が必要とされ「合理性に限界のある人間」（経営人モデル）には処理できない。そこで，マーチ，オルセン（Olsen, J. P.），コーエン（Cohen, M. D.）の意思決定モデルでは意思決定の「偶発的な性格」が強調されている。

(1) 「参加者」「問題」「解」が「選択機会」に流入流出を繰り返し，複雑な相互作用から，偶発的な意思決定が行われる。

(2) 従来の意思決定論は「意思決定＝問題解決」と捉えてきたが，ごみ箱モ

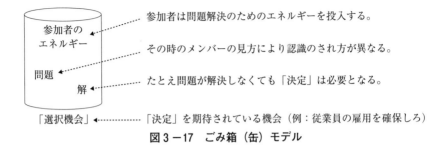

図3−17　ごみ箱（缶）モデル

デルでは「問題の解決」と「（意思）決定」とは別物であると捉えている。

(3)　ごみ箱モデルはコンピュータ・シミュレーションによって分析された。

Ⅶ. アンゾフの階層的意思決定

アンゾフ（Ansoff, H. I.）は，非定型的意思決定を行わなければならないトップ・マネジメントを定型的意思決定から解放するために，意思決定を分業する必要があることを指摘した。

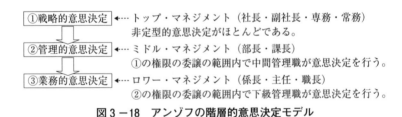

図3−18　アンゾフの階層的意思決定モデル

第7節　行動科学モチベーション論（新人間関係論）

人間性を無視した「科学的管理法」が行き詰まりを見せた後に登場した「人間関係論」は，確かに新たな視点を提示した。しかし，職場の人間関係だけでは説明できない状況も存在する。例えば，人間関係が良くないときにも作業能率が上がる場合がある。これは，「人は職場の人間関係だけでなく，仕事そのものが面白いと感じる時に，より大きな意欲を感じる」ことを意味している。そこで，1950年代以降に「人間関係論」を批判し，仕事を通じて「自己実現」の

「欲求」を満たすことにより，従業員の意欲を高めようという点に着目する理論が登場した。

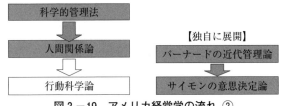

図3－19 アメリカ経営学の流れ ②

　「行動科学モチベーション論（新人間関係論）」は「意思決定論」と並行して発達した社会心理学的分析に重点を置く組織理論である。1950年代以降に発達したこの理論は，従業員のモラール（モチベーション，動機づけ）と業績との関係を分析するという点において，従来の「人間関係論」と共通点を保有しつつも，従業員の「欲求」としての「自己実現」を重視し，参加型の組織や自主管理システムを重視するという点において異なる。また，「人間関係論」のようにフォーマル組織とインフォーマル組織を区別せず，「行動科学」の視点から，組織を人と人との関係において成立する社会システムと見る点において両者は決定的に異なる。

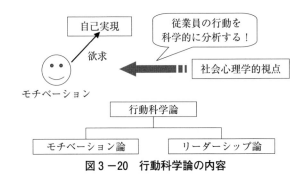

図3－20 行動科学論の内容

Ⅰ．マズローの「欲求階層説」

　マズロー（Maslow, A. H.）は心理学者（人間主義的心理学）であり，モチベー

ション論の発展の基礎となる理論を構築した。マズローは，人間には様々な「欲求」があり，その「欲求」は5段階の階層に分けることができることを指摘した（図3-21）。

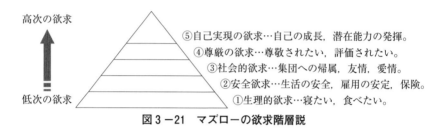

⑤自己実現の欲求…自己の成長，潜在能力の発揮。
④尊厳の欲求…尊敬されたい，評価されたい。
③社会的欲求…集団への帰属，友情，愛情。
②安全欲求…生活の安全，雇用の安定，保険。
①生理的欲求…寝たい，食べたい。

図3-21　マズローの欲求階層説

　人間は，まず「低次」の欲求によって動機づけられ，その欲求が充足されると，逐次的により「高次」の欲求によって動機づけられる。したがって，やがて従業員は，よりやりがいのある仕事や困難と思われる仕事を進んで行おうとする。

Ⅱ．マグレガーの「X-Y理論」

　マグレガー（McGregor, D.）が提唱した2つの対立的人間観に基づく組織の管理モデルである。

1．X理論……従来の組織理論

　マズローの低次元の欲求を比較的強く持つ人間のモデル。人間は，本来仕事嫌いであり，組織目標達成のためには強制や懲罰が必要である。また，人間は，命令されることを好み，責任を逃れたがる。

2．Y理論……新しい組織理論

　マズローの高次元の欲求を比較的強く持つ人間のモデル。仕事をすることは人間にとって自然なことであり，「自己実現」を達成できるような仕事を好んで行う。また，自ら納得して引き受けた目標の実現のためには自己統制を行い，自己実現のためならば責任もとる（『企業の人間的側面』1960）。

表3−5　X理論とY理論の比較

	X理論	Y理論
仕事に対する態度	嫌　う	自　然（遊びや休息と同じ）
外部からの統制の必要性	必　要	不　要（自己統制）
責任はとるか	回　避	希　求 （自己実現に必要な場合）
大望を抱くか	な　し（自己保身）	あ　り
組織のあるべき管理方法	単一絶対統制	発展段階にあわせた 選択的対応
協働に限界が発生した場合の要因	人間の本性・能力	管理工夫不足

●物質的に豊かな社会となった現代では，X理論による管理では，従業員のモチベーションを高めることはできない。Y理論による動機づけが効果的である。具体的方策として，目標設定による自主統制（MBO），参加制度の促進などが挙げられる。

Ⅲ. アージリスの「成熟─未成熟理論」

　アージリス（Argyris, C.）の理論は，組織における個人の人格（パーソナリティ）の成長過程の理論である。個人の人格は，子供が成長していくように「未成熟」の段階から「成熟」の段階へ移行すると指摘した（図3−22）。

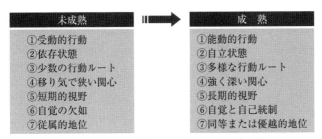

図3−22　アージリスの成熟─未成熟理論

　アージリスも，マズローの「自己実現の欲求」に着目し理論を展開した。すなわち，人間は，受身的な「未成熟」状態から，確固とした自己を確立し，能動的に行動する「成熟」状態へ向かおうとする「欲求」を企業内で実現しようとする，と考えた。また，アージリスは，「管理原則」に基づく公式組織は，組

織構成員に「未成熟」の特質を要求することになり、「成熟」を求める組織構成員のモチベーションを低下させることも指摘した。これは，個人と組織の間には根本的な不適合が存在することを意味する（『組織とパーソナリティ』1957）。

　そこで，組織構成員の自己実現の欲求を満たしつつ組織の健全化を図るために，「職務拡大」と「参加的リーダーシップ」が必要であると主張した。

１．職務拡大

　職務における単調観を和らげるために，担当する職務を量的・水平的に拡大することをいう。すなわち，職務における能力発揮の機会を増やすことをいう。

　　例：カルマール工場実験

　　　スウェーデンの自動車メーカー「ボルボ」では，従来のベルトコンベアー方式を廃止し，15〜20名程度の小グループで自動車の組立を担当させるという「職務拡大」によって単調観を緩和し，職場での疎外感をも克服した（ボルボ方式）。

２．参加的リーダーシップ

　職務内容の決定に担当者を参加させることによって，自己実現の欲求を満足させることができる。

３．ダブル・ループ学習

　企業を取り囲む環境は持続的に変化する。したがって，環境変化の複雑性・不安定性に対応するために企業には高い学習能力が要求される。

(1)　従来の学習方法……シングル・ループ学習

　学習を，① 事前に準備されたガイドラインを基準に，② エラーを発見し，③ 修正する。環境が単純で安定的な場合には，シングル・ループ学習が環境に適合できる。

図３−23　シングル・ループ学習

(2) アージリスらが主張した学習方法……ダブル・ループ学習

　シングル・ループ学習では環境が複雑・不安定化するにつれ，学習能力が低下する。したがって，ガイドラインそれ自体の修正・変更を含む学習が必要である。すなわち，シングル・ループ学習のように，単なる学習のプロセスではなく，どのように学習するかを学習する。

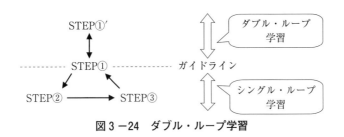

図3－24　ダブル・ループ学習

Ⅳ．ハーズバーグの「動機づけ―衛生理論」

　ハーズバーグ（Herzberg, F.）は，ピッツバーグ市内の技師と会計士203人と面接し，職務において，① 例外的によいと感じたこと，② 嫌な気分になった事例，について質問を行い，その体験談を分析した（実証研究）。その結果，従来，「職務満足」と「職務不満」は同一要因の充足または欠如によるものであると考えられてきたが，実は「職務満足の要因」と「職務不満の要因」は別物であるという結論に至った。彼は，職務満足を与える要因を「動機づけ要因」，職務不満を与える要因を「衛生要因」と名づけた（表3－6）。

表3－6　ハーズバーグの動機づけ―衛生理論

要　因	内　容	具体例
動機づけ要因	仕事に対する積極的取組や満足感を生み出す要因	仕事自体の面白さ，達成感，結果への評価，責任，昇進
衛生要因	職務に対して不満をもたらす要因	給与，作業条件，人間関係，管理方法

　「衛生要因」の改善は，不満の予防になるが，やる気を起こすことにはつながらない。マクレガーが提示した高次の欲求を満たしていくためには，職務に関

連した「動機づけ要因」への働きかけが必要である。

Ⅴ．ブルームの期待理論

　人間は，行動を起こす前にその結果を予測し，その結果が自分自身にどの程度の満足をもたらすのかを判断した上で行動する。ブルーム（Vroom, V.）は，この状況を踏まえ，人間の動機づけのメカニズムを，① 期待，② 誘意性，③ 道具性の３つの要素を用いて説明した。

　①「期待」は，仕事の結果によって得られる報酬に対する主観的な期待度のことであり，②「誘意性」は，行動によってもたらされる結果に対する主観的な満足度のことであり，③「道具性」は，ある結果の達成によってもたらされる報酬の度合いのことである。仕事に対する動機づけは，３要素の積によって表される（動機づけの強さ＝期待×誘意性×道具性）。

Ⅵ．ポーター＆ローラーの動機づけモデル

　ポーター（Porter, L. W.）とローラー（Lawler, E. E.）は，個人が，主観的な期待価値が最大化されるように行動することを指摘した。職場の人間の動機づけを「努力Ｅ」「業績Ｐ」「結果Ｏ」の３要素を用い３つのプロセスで説明した。

(1)　努力の前に，目標に到達できるのかを検討する（Ｅ→Ｐは可能か）。これは，あくまで個人の主観的な確率である。

(2)　「業績Ｐ」を達成した場合，「結果としての報酬Ｏ」に結びつくのかを検討する（Ｐ→Ｏ）。これも，個人の主観的確率である。

(3)　獲得するであろう「結果としての報酬Ｏ」が「努力Ｅ」に見合うものであるかを検討する（Ｏ→Ｅ）。その検討結果が公正であれば個人は「満足」し，「誘意性Ｖ」につながる。

　個人の「期待」を高めるためには，組織構造やリーダーシップのあり方を見直し，分権的で参画的にものにする（Ｅ→Ｐ）。さらに期待を高めるためには，報酬を業績主義に改めるとともに達成動機を持たせるような教育を強化する必要がある（Ｐ→Ｏ）。

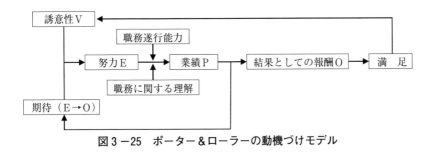

図3-25　ポーター&ローラーの動機づけモデル

第8節　リーダーシップ論

　仕事集団の効率性と組織メンバーの職務満足の両方を高められるようなリーダーシップの類型（スタイル）を明らかにしようという研究である。

Ⅰ. リーダーシップとは

　バーナードによれば，リーダーシップとは「**技術**的熟練と**道徳**的複雑性の高い個人的能力と，信念を作り出すことによって**協働**する個人の**意思決定**を鼓舞する個人の力」である。すなわち，経営目的達成のために，組織構成員等に影響力を及ぼすことである。そのためには，企業環境に関する客観的事実から状況を判断する能力と組織員の意識を経営目的に向かわせる能力が必要である。

Ⅱ. リーダーシップの2つの側面

　Ⅰ項でも見たようにバーナードの定義によれば，リーダーシップには，技術的側面と道徳的側面がある。技術的側面とは，体力，スキル，知識などにおける個人的優位性であり，教育等によって育てることが可能な側面である。また，道徳的側面とは，決断力，忍耐力，勇気などにおける個人的優位性であり，個人が生まれながらに持っている資質であり，教育等によって育てることがほとんど困難な側面である。これらの両側面を十分に発揮することにより，有効なリーダーシップとなる。

Ⅲ．リーダーシップの理論

1．資質特性論……20世紀初頭～1940年代

リーダーシップ論における初期的研究のアプローチである。実際に優れた業績を残したリーダーについて，そのパーソナリティとリーダーシップの相関関係を明らかにするものである。しかし，パーソナリティを各要素に分解することが難しく，科学的に証明された統一的な結論を導くことができなかった。

2．制度的リーダーシップ論

(1) セルズニックの制度理論

セルズニック（Selznick, P.）は制度概念を用いた組織研究を行った。リーダーシップの基本機能は，組織の基本的使命（理念）を設定し，価値と能力を組織に組み入れ制度化する職務であるとし，このような組織の目指す方向性を価値観に合わせるリーダーシップを「制度的リーダーシップ」と表現した。

(2) バーナードのリーダーシップ

既に触れたように，バーナードは，リーダーシップには「技術的側面」と「道徳的側面」の2つの側面があることを指摘した。その上で，リーダーシップの機能は，対立矛盾する価値観を抑制できる組織の価値観を打ち出し，組織の社会的使命を明示する「道徳準則の創造」であると主張した。

3．行動科学的リーダーシップ論……1950～1960年代

パーソナリティという内面的な視点ではなく，行動パターン（行動様式）という外面的な視点からリーダーシップの類型化を図り，その中でリーダーシップの本質を科学的に探究しようとするものである。この立場の特徴は，① 組織の効率的運営と ② 構成員の満足の両方を高めるようなリーダーシップの類型を探求する点にある。

(1)　アイオワ研究

レビン（Lewin, K.），リピット（Lippitt, R.），ホワイト（White, R. K.）は，アイオワ大学において，集団の動きに関する科学的実験を行い，その中で，リーダーシップパターンが，集団の成果に影響を与えることを明らかにした。

表3−7　リーダーシップのスタイルと効果

リーダーシップのスタイル	メンバーとの関わりや成果
独裁的 リーダーシップ	リーダーがすべてを独裁的に決定する。メンバーの主体性が失われ，依存的になった。また，メンバー同士が攻撃性を持つようになった。
放任的 リーダーシップ	すべてを個々人で自由に決定する。作業の質・量ともに低下した。
民主的 リーダーシップ	リーダーとフォロワーが相互関係にあり，集団で討議を行い決定する。個々のメンバーの自主性が尊重された結果，業績が最もよく，集団凝集性も高かった。

(2)　オハイオ研究

オハイオ州立大学のビジネス調査局らは,「質問紙」を用いてリーダーの行動パターンを分析し，その結果，①「配慮」，②「構造づくり」，③ 生産性強調，④ 感受性の4因子が確認され，「高配慮・高構造づくり」のリーダーシップが部下の満足と職務集団の業績に好影響を与えることを明らかにした。

配　慮	人間関係を志向するタイプ
構造づくり（構造設定）	課題追求を志向するタイプ

(3)　ミシガン研究

ミシガン大学調査研究センターによるリーダーシップと生産性に関する広汎な調査研究は，オハイオ州立大の研究とほぼ同時期に始められ，その研究成果をまとめたのがリッカート（Likert, R.）である。リッカートは，リーダーシップの特性，意思決定過程の特性などにより組織特性を測り，生産性の高い組織と低い組織の比較における組織特性の違いを4分類した（**システム4**）。

「システム4」を採用することで，従業員のモラールが向上した。すなわち，

表3－8　システム4

システム1	独善的専制型
システム2	温情的専制型
システム3	相談型
システム4	集団参画型

「職務中心型」のリーダーシップよりも「従業員中心型」のリーダーシップの方が高い生産性を上げることができる点が指摘された。したがって，リーダーは，自らの行動を集団のメンバーに適合させ，メンバーから支持されるようにしなければならない（支持的関係の原理）。また，リッカートは集団参画型リーダーシップを発揮する組織を「**連結ピン**」という概念で説明する。すなわち，集団参画型組織では，複数の集団の重なるところに位置する人物が，重複した集団の要となり「連結ピン」のような役割を果たすべきことを指摘したのである。

（4）　マネジリアル・グリッド

ブレーク（Blame, R. R.）とムートン（Mouton, J. S.）は「管理者の関心領域」の視点から，リーダーシップ・スタイルの分類を行った。リーダー（管理者）の関心を，① 業績に対する関心（横軸）と，② 人間に対する関心（縦軸）の2つの軸で捉えて類型化し，マネジリアル・グリッドと呼ばれるマトリックス図によって示した。

●理想的なリーダーシップ・スタイルは，「9・9型」の「チームマネジメント型」である。

（5）　PM理論

三隅二不二が提示した理論であり，リーダーの行動を「目標達成機能（Performance：P）」と「集団維持機能（Maintenance：M）」に分類し，それぞれを強度に応じて2分類し，それを組み合わせて4つの類型に分類した（図3－27）。

4つのリーダーの類型と生産性の関係を実証研究した結果，生産性は以下のような結果になった。

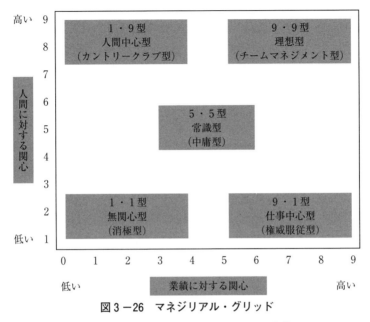

図 3 － 26　マネジリアル・グリッド

出所）ブレーク・ムートン『新期待される管理者像』産能大学出版部に加筆。

表 3 － 9

リーダーシップのスタイル	内　容
1・1型（無関心型）	業績にも人間にも関心がないタイプ
9・1型（仕事中心型）	仕事はできるが思いやりのないタイプ
1・9型（人間中心型）	業績よりも人間関係を重視するタイプ
5・5型（常識型）	現状を維持し，過去の伝統や慣行に従うタイプ
9・9型（理想型）	部下のやる気を引き出し，高い業績を志向するタイプ

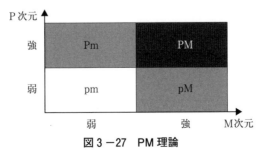

図 3 － 27　PM 理論

$$PM > Pm > pM > pm$$

4．リーダーシップのコンティンジェンシー理論（状況適合理論）

　従来のリーダーシップ論では，ベストなリーダーシップのスタイルを追求することに力点が置かれた。しかし，現実にはそのようなリーダーシップが有効でないケースも存在した。そこで，リーダーシップの特性や行動分析だけでなく，リーダーシップが置かれている状況に着目する「状況適合理論」が登場した。既に政治学で解説したが，状況適合理論の特徴は，唯一最高のリーダーシップのスタイルは存在せず，リーダーの置かれている状況（環境）によって，有効なリーダーシップのスタイルは異なるという点である。

（1）　アージリスのリーダーシップ論

　既に解説したアージリスの「成熟―未成熟論」（73-74頁参照）に「リーダーシップ論」を組み合わせたものである。

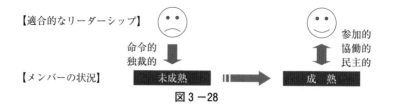

図3－28

（2）　フィードラーの LPC 理論

　フィードラー（Fiedler, F. E.）は，リーダーの特性と集団状況の組合せによってリーダーシップの効果が異なることを主張した。フィードラーは LPC（Least Preferred Coworker：最も一緒に仕事をしたくない同僚）という独特の指標を用い，リーダーシップのスタイルを論じた。

表3－10 LPCの使い方

高LPC リーダー	「このリーダーとはいっしょに働きたくない」と思われているリーダーのこと。このリーダーは人間関係を修復するために「人間関係志向型」のリーダーシップ・スタイルをとらなければならない。
低LPC リーダー	①「人間関係」は問題ないので「職務志向型」のリーダーシップをとらなければならない。あるいは，②「人間関係」の問題が深刻化し，修復不可能なので，「人間関係」をあきらめて「職務志向型」のリーダーシップをとらなければならない場合の2パターンがある。

表3－11 LPCによるリーダーシップの類型化

リーダーと集団との人間関係	良 い	普 通	悪 い
仕事内容の明確さ	明 確	普 通	不明確
リーダーの権限の強さ	強 い	普 通	弱 い
LPC	低LPC（①）	高LPC	低LPC（②）
適合的なリーダーシップのスタイル	職務志向型リーダー	人間関係志向型リーダー	職務志向型リーダー

●しかし，現実にはリーダーの性格特性に基づくリーダーシップのスタイルは変化しにくい（パーソナリティはそう簡単には変わらない）。したがって，集団が成果を上げるためには，①リーダーの特性に合わせてメンバーを選抜するか，②メンバーの状況に適合するようなリーダーを配置するか，という対応をとる場合が多い。

(3) ハーシィ＆ブランチャードのSL理論（状況適合理論）

ハーシィ（Hersey, R.）とブランチャード（Blanchard, K. H.）らは，基本的なリーダーシップ・スタイルを，「教示的」「説得的」「参加的」「委譲的」に4分類し，部下の成熟度（仕事に対する習熟度＋心理的な成熟度）に関し，M1（成熟度が低い状態）からM4（成熟度が最高の状態）までの各段階に応じて適切なリーダーシップ・スタイルが以下のように移行すると説明した（表3–12）。

表3－12　状況適合理論

部下の成熟度	適合するリーダーシップ・スタイル
M1段階	教示的リーダーシップ・スタイル（仕事に対する積極的な指示が中心）
M2段階	説得的リーダーシップ・スタイル（指示的行動をやや抑え，人間関係を重視する）
M3段階	参加的リーダーシップ・スタイル（部下の自主性を重視し，人間関係もやや抑制する）
M4段階	委譲的リーダーシップ・スタイル（部下への指示や関与は最低限にする）

表3－13　経営学学説・人間観のまとめ

経営学上の立場によって人間（経営者・従業員）に対する捉え方が異なるので注意しよう。

人間観	適合する学説	内　容
①経済人モデル	科学的管理法（テイラー，フォード，ファヨール）	人間を，経済的（金銭的）欲求を満たすために常に合理的に行動する存在と見る人間モデルである。
②社会人モデル（情緒人モデル）	人間関係論（メイヨー，レスリスバーガー，フォレット）	人間を孤立した個人ではなく，集団の一構成員であると捉え，自己の所属する集団の規範に従い，行動する個人として捉える人間モデルである。
③自己実現人モデル	行動科学モチベーション論（マグレガー，アージリス）	人間は自己実現の欲求を満たすために行動するという人間モデルである。
④全人モデル	バーナード	人間は，理性と共に感情を持ち，個人としての人格とともに社会性も有する存在であり，合理的であろうとするが，完全に合理的にはなりえない存在として捉える人間モデルである。
⑤経営人モデル（管理人モデル）	意思決定論（サイモン，マーチ）	人間を「限定された合理性」を有する行動主体と捉え，組織を利用することによって限定された合理性を克服し，意思決定を行おうとする人間と捉える人間モデルである。人間の情報処理能力の限界に着目した人間モデルである。

| ⑥複雑人モデル | E.H.シャイン | 人間の欲求の多様性や重層性を重視する人間モデル。シャインは，一つの人間像を適用するのは誤りであり，直面する状況によって人間像は複雑に変化すると主張した。すなわち，状況が変化すると適合する人間観は変化するため，条件適合的なモデルを適用して組織を構成すべきであると主張した。 |

第4章　経営管理論

●単元の目標●

　経営資源（人・モノ・金・情報）の管理手法を中心に学びます。人については人事・労務管理，モノに関しては生産管理，金については財務管理，情報については情報管理です。経営学説史で学習した内容が基礎になっています。

第1節　経営管理とは

　経営管理とは，経営戦略に基づく経営目的達成のために企業内部の経営資源（人・モノ・金・情報）を適切に管理し，効率的に運用していくことをいう。経営管理は，「経営」機能と「管理」機能の2層構造で行われている。すなわち，「経営」機能＋「管理」機能で「経営管理」なのである。

　経営管理 ┤

　　　　　　経営機能 …全社的・長期的な意思決定によって，経営目的を実現すること。

　　　　　　管理機能 …経営の枠組みの中で，経営活動を効率化すること。
　　　　　　　　　　　（経営機能の下位概念）

第2節　経営管理の普遍的機能

　「経営」と「管理」の共通（普遍）の機能として，前述のファヨールの「管理過程（マネジメント・サイクル）」を挙げることができる（54頁参照）。「計画→組織→命令→調整→統制」の管理過程をシンプルに表現すれば「Plan → Do → See」となる。マネジメント・サイクルは，「経営」機能層及び「管理」機能層を問わず機能する「普遍的機能」である。

第3節　経営管理の体系

大企業では，第1節で見たような「経営機能」と「管理機能」の2層構造から，さらに「管理機能」が4層に分化する（管理階層）。

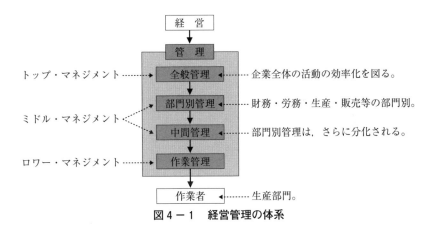

図4－1　経営管理の体系

以下において，経営資源（人・モノ・金・情報）の各管理方法について説明していく。

第4節　労務管理

企業の目的を効率よく達成するため，従業員を合理的に活用することを目的として企業が実施する一連の組織的・計画的活動のことをいう。

Ⅰ.「企業と個人の関係」という視点からの管理

1．労働力管理

各職務に合理的に従業員を配置すること（適材適所）によって，労働力の効率的な活用を図る管理活動である。

（1）採　　用

企業が現在・将来に必要な人材を量的・質的に確保する。

①　新卒採用……退職者分補充＋将来の事業計画を見越して採用する。

② 中途採用……退職者分補充＋当面の事業活動に必要な人材を採用する。

(2) **異 動**

従業員の再配置が定期的に行われる。

(3) **職務分析**

人事担当者が，① 職務の内容と，② 職務遂行に必要な資格要件を，自らの観察あるいは，従業員の申告に基づいて分析・整理し，職務記述書にまとめる。

(4) **職務評価**

(3)の職務記述書に基づき各職務を評価し，職務等級と職務給を決定する手続である。

(5) **人事考課**

職務を遂行する従業員の行動を評価するもの。実績，能力，勤務態度などを上司が評価する。

(6) **賃金・給与管理**

組織への貢献に対して支払われる報酬の管理である。

　●フリンジ・ベネフィット

給与所得者に与えられる現金給与以外の経済的利益（例：家賃補助・通勤定期券支給・自己啓発費補助・社内融資制度など）のことであり，これらの内容が充実していれば，従業員の動機づけになる。近年，多様化する社員のニーズに合わせて，一定の予算内で自由にサービスを選択できる「カフェテリアプラン」などが準備されている。

(7) **就業規則**

企業内の秩序を保つために使用者が定めた規則による管理である。

2．労働者管理

従業員のモラールや企業に対する帰属意識を高め，職場の人間関係を円滑にするための管理である（例：モチベーションの管理）。

Ⅱ．「企業と労働組合の関係」という視点からの管理

1．労使関係管理

　企業が，労働組合との交渉・協議を通して，労使間の民主化を図るための管理である。

(1)　労働協約

　使用者と労働組合が団体交渉の結果，締結された協定のこと。

(2)　経営参加

　経営者だけでなく，従業員や労働組合が経営に参加する。

● ドイツの「**労働者重役制**」：ドイツではコーポレート・ガバナンスの観点から，法律によって取締役会に労働者の代表を送り込めるように規定されている（労働者重役制）。一方，日本では労使協議制がとられているが，労働条件に限定して協議されるのみである。最近，「従業員持株制度」も増えてきたが，あくまで経済的動機と経営意識を高める程度で，経営のチェックまでは行われていないのが現状である。

(3)　資本参加

　従業員持株制度が挙げられる。また，商法改正（1997）により「ストック・オプション」制度が解禁された。

● 「ストック・オプション」

　自社の株式をあらかじめ定められた「行使価格」で買える権利であり，従業員が努力して企業の業績が上がれば株価も値上がりし，結果として従業員の収入も増えるという一種の業績給である。従業員への参加意識を高めると同時に株価維持にも役立つ。2002年には権利付与対象者の制限が撤廃された。

● 「インセンテイブ」

　刺激・動機の意味。経営学では，モチベーション向上策として，通常の給与・賞与とは別に，従業員の業績に応じて与えられる報酬のことをいう。インセンティブの対象「期間」に着目した場合に，日本では1年を単位として業績・成果をもとに支給する「短期インセンテイブ制度」が主流である。イ

ンセンティブの対象「単位」に着目した場合，個人，プロジェクトチーム，事業部，会社全体などの単位で評価するケースがあるが，日本では成果主義と同時に個人業績型でインセンティブを導入するケースが主流であった。近年の企業の動向としては，成果主義による短期業績追求の弊害から「長期インセンティブ制度」が注目され始めている。また，個人業績の偏重から，「チーム業績重視型」に移行を図る企業も増えている。

❖ 用語解説：労務管理関連

① 成果主義

年功や潜在的に保有している能力を評価するのではなく，実際にどのような成果を上げたのかに着目し，重視する人事管理の手法をいう。近年多くの日本企業が導入したが，「成果とは何か」を明確に定義できず，処遇の格差をいたずらに拡大する傾向にあり，その弊害が指摘されている。成果主義では「結果」を過度に重視する傾向にあるが，その本質は，プロセスと成果の双方を捉えることにある。「成果」と「能力」の因果関係を明確にすれば，評価の客観性や納得性を高めることができるからである。

成果主義を導入する企業では，MBO を導入する企業が多い。MBO（目標管理制度：Management By Object）では，最初に目標を設定することで「成果」を明確にし，目標を達成するために必要なアクションプランを目標シートに書き込む。アクションプランは成果に至るプロセスそのものであるため，「成果」と「プロセス」の因果関係が明確になる。MBO は「自己統制による目標管理」とも呼ばれ，P. F. ドラッカーが『現代の経営』（1954）の中で，「権限，権威によるマネジメントから，組織目標と個人目標を調和させることによる自己統制型マネジメントへの変革」を提唱したのが始まりである。

日本でも，1960〜70年に行動科学による実証研究が高く評価され，「目標による管理」の有効性を後押しするような形になり，急速に普及した。バブル崩壊後は，企業環境の厳しさを反映し，企業業績の向上や成果主義人事に欠かせないツールとして再び脚光を浴びた。

② CDP（Career Development Program）

各社員が適切なキャリアを積めるように，企業の人材ニーズと本人の希望とをすり合わせながら，ローテーションや教育訓練を通じて必要な知識や経験を身につけさせる長期的な人材育成計画のことをいう。従来のキャリア開発は，企業が主体となり，社員に対して一律的に実施していたが，CDP は社員自らが「キャリアアンカー」（キャ

リアを選択する際に最も重要な他に譲れない価値観や欲求）にしたがって，主体的に能力を開発していく，「社員が自分自身に対して行う計画的な能力開発」のことである。

③　社内公募制度・社内 FA 制度

「社内公募制度」とは，特定のプロジェクト・事業のための要員や一般に欠員が生じた場合に，会社が必要としているポストや職種の要件を社員に公開し，通常本人の上司を経由しないで応募することができる制度である。「社内 FA（フリーエージェント）制度」とは，社員が自らのキャリアやスキルを売り込んで希望する職種や職務に応募し，その情報を見て受け入れを希望する部門がその社員と面接し，選抜する制度である。企業の導入率は必ずしも高くないが，確実に増加傾向にある。これらの制度は，本人が自分の CDP にあった仕事や職場を積極的に意思表示できる点にあり社員のモチベーションを喚起する効果がある。

④　コーチング

指導者（コーチ）が対象となる人物と対話形式でコミュニケーションをとることにより，自ら問題解決を図れるような人材を育成する手法をいう。日産自動車のカルロス・ゴーン社長が取り入れたことで注目された。日本企業では，管理職が部下を育成する際に必要とされている「コミュニケーション・スキル」の一つとして認識されている。企業活動においては自律的に行動できる人材や，管理者が部下の能力を引き出すことが求められる。

⑤　ストレッチ

社員に達成可能であると考えられる目一杯の地点に「目標」（ストレッチした目標）を設定させ，モチベーション向上を図ろうとする手法のこと。日産自動車が導入したことで注目された。日産自動車では，必達目標である「コミットメント」に加えて，ストレッチした目標である「ターゲット」を設定し，その達成に見合ったインセンティブを与えることで，社員のモチベーションアップを図っている。ただし，目標が高すぎると社員のやる気を低下させたり，逆に目標が低すぎると努力を怠るといった問題が発生するため，目標水準の設定が重要である。

⑥　選抜型経営幹部育成

将来の経営幹部となる人材を早期に発掘・選抜し，計画的に育成することをいう。「社内エリート」の育成について，日本企業は従来，本社の花形部門や好業績の営業支店を経験させながら長期計画で行っていた。しかし，企業環境が急速に変化し国際競争が激化する中で，GE 社に代表されるアメリカ企業のように，「サクセッションプラン」を策定し，会社に「コーポレートユニバーシティ」を設置するなど，育成システムを構築することが優秀なリーダーの育成に不可欠であると認識されるように

なった。

⑦ サクセッションプラン

　本来は後継者育成のための長期計画であるが，現実的には選抜型人事における後継者育成計画を指す。アメリカでは，トップの最も重要な役割は「適切な後継者を選出・育成すること」ともいわれる。将来の幹部候補者に対して，研修プログラムを課すだけでなく，計画的な配属により，より早い段階からリーダーの役割を担わせ，困難な状況を経験させる。成功例として，日産自動車が中堅の次世代幹部候補に「クロス・ファンクショナル・チーム」（部門横断型チーム）のリーダーを任せた例がある。なお，どのような状況に直面しても，安定した業績を上げることができる人材のことを「ハイパフォーマー」（高業績人材）という。

⑧ コーポレートユニバーシティ（CU）

　次世代のリーダーを育成するための専門教育機関（企業内大学）。アメリカでは，マクドナルドが1961年に，モトローラが1976年にCUを開校し，90年代以降は急速に普及した。モトローラ・ユニバーシティの「シックス・シグマ」，マクドナルドの「ハンバーガー大学」，GE社の「クロトンビル・リーダーシップ研修所」が例である。

⑨ アウトソーシング（outsourcing）

　企業活動のある特定部分を切り離して，外部の企業に委託することを言う。自社で経営資源(source)を保有しないことで業務の効率性や専門性を確保する。アウトソーシングの目的は，① リスク回避：設備や人員の陳腐化や余剰リスクを回避する，② コア・コンピタンス：専門性の低い業務を捨て，得意領域に特化する，③ ダウンサイジング：資産規模を小さくし，経営効率を高める，④ 速度：ある機能を早急に拡充したい場合に対応できる，に分類される。

⑩ SOHO（Small Office Home Office）

　テレワーク，リモートワーク。例えば，自宅が会社代わり，設備投資は通信ネットワークとパソコンだけで済む。人的管理やオフィス設備への投資，そして移動時間が効率化できる。日本でも既にSOHO人口は2,000万人を超える。コロナ禍における政府による在宅勤務の奨励により，わが国でも従来よりはSOHOへの社会的理解が進み，社内体制の整備が行われつつある。在宅勤務が進むことによりオフィスへの通勤者が少なくなり，本社を売却する企業も出てきた（例：電通）。

⑪ ホワイトカラー・エグゼンプション……エグゼンプション（適用除外）

　ホワイトカラー（ホワイトカラーとは白色カッターシャツで勤務するオフィスワーカーを指す⇔青色の作業服で従事するブルーカラー）を対象とした労働時間規制等の適用除外制度のことをいう。アメリカでは，管理職，専門職などに従事する者は，年

収 2 万 3,660 ドル以上を基準として，広範に労働時間規制の適用除外が行われている。適用が除外されると残業代は支払われなくなる（ただし，役職手当は支給される）。アメリカではホワイトカラーの約25％が対象となっている。日本でも自由度の高い働き方にふさわしい制度を目指し，年収が一定額以上（日本経団連の案は年収400万円以上）のホワイトカラーに対する日本版ホワイトカラー・エグゼンプションの導入が検討され，第 3 次安倍政権では年収要件を1,075万円以上に引き上げ，2019年 4 月から「高度プロフェッショナル制度（高プロ）」が導入された。

⑫　ダイバーシティマネジメント

　「ダイバーシティ」とは「多様化」を意味する。「多様化」のマネジメントとは，企業に多様な価値観を入れることにより，企業の価値創造力を高めることを目的とし，これまでの同質的・画一的な企業風土に活力をもたらすとともに，イノベーション（革新）も誘発させることをいう。IT 化やグローバル化といった近年の社会変化は，個人の生活にも価値観の多様化を招いた。一方，少子高齢化や人口減少といった社会問題とともに，本来は主要な労働力であるべき20〜30歳代の多くがニートやフリーターとしてとどまっているため，企業では労働力不足が深刻な問題となっている。これらの状況を背景として，ダイバーシティマネジメントが注目されるようになった。

　現在の日本企業が主に取り組んでいるのは，女性や高齢者の就労促進である。彼らの異なった発想力への期待はもちろん，消費マインドや消費性向が高く，消費生活の主たる担い手である女性や高齢者による多くの消費が期待されている。これらの就労促進のための具体的施策が，① ポジティブアクションや ② 多様就業型ワークシェアリングである。

⑬　ポジティブアクション

　固定的な性別による役割分担意識や過去の経緯から，男女労働者の間に事実上生じている差があるとき，それを解消しようと企業が行う自主的な取り組みをいう。すなわち，女性が働きやすく能力を十分に発揮できるような環境を企業内部に整備することである。積極的なポジティブアクションの取り組みは以下のような効果をもたらす。

　（i）　労働意欲・生産性の向上
　　　女性の労働意欲だけでなく，周囲の男性にも良い刺激を与え，全体の生産性が向上する。
　（ii）　企業イメージの向上
　　　持続的発展が期待できる企業として，ステークホルダーからの信頼や好意的評価を確保できる。
　（iii）　労働力の確保
　　　男女に関わりなく公正に評価する企業として認知され，幅広い高質の労働力を確保できる。

⒤ 新たな価値の創造

男女に関わりなく多様な人材を確保することにより，新たな発想を生み出す。

⑭ 多様就業型ワークシェアリング

より多くの人に雇用機会を与えることを目的とした就労形態のことをいう。代表的な働き方として「短時間正社員制度」と「在宅勤務制度」が検討されてきた。「短時間正社員制度」は，⒤育児や介護，働きながら学校へ通うなどのために，所定労働時間を一定期間短くする場合と⒤⒤仕事と家庭のバランス（ワークライフバランス）などを考えて恒常的に短くする場合に分類できる。

第 5 節　生産管理

Ⅰ. 目　的

生産管理とは，企業の生産活動に関わる管理機能のことをいう。効率的な生産過程を構成し，適切に稼働させることにより，効果的に生産することが必要である。生産管理は，①生産計画と②生産統制に分けられる。①の生産計画は，広義には，生産管理におけるすべての計画をさすが，狭義には，生産数量と生産時期についての計画をいう（例：長期生産計画，中期生産計画，短期生産計画，日程計画）。②生産統制とは，決定された生産計画を合理的に達成するための管理活動である（例：資材，設備機械，作業工程の効率的な管理）。

Ⅱ. 生産計画

最も効率的な生産が行える計画を決定することが必要である。「販売計画」（需要予測）を策定した上で，「生産計画」（供給予測）を決定していくことが必要である。

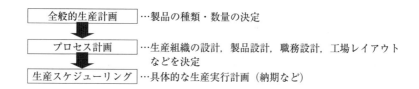

Ⅲ．生産統制

生産計画に基づき，生産をコントロール（統制）することが必要である。

> ①進度管理…スケジュール通りに進んでいるか。
> ②現物管理…材料・部品の管理。
> ③原価管理…作業能率を高めて原価の引き下げをはかる（コスト・コントロール）。
> ④品質管理…製品・サービスの質のバラつきをなくす。

１．QC（品質管理）

QC とは，Quality Control（品質管理）の略である。アメリカ企業において専門のエンジニアが「統計的手法」を用いて品質管理を行ったのが始まりである。戦後間もない頃の「MADE　IN　JAPAN」の製品は，粗悪品のイメージが強かったため，1950年に日本科学技術連盟が W. E. デミングをアメリカから招き，科学者や技術者に統計的な品質管理の手法を指導したのがわが国における「QC」のきっかけとなった。その後，日本独特の「QC サークル活動」がアメリカ流の「統計的手法」に加えられた。QC サークル活動とは，各企業において従業員を主体とした自主的な品質向上へ向けての取組みが行われたことをいう（ボトムアップ）。**QC サークル活動**の特徴は，① 品質向上を目指して（品質管理），② 従業員が小集団で（サークル活動），③ 自主的に活動（就業時間外に労働者が自らの意思で行う）である。

(ⅰ)　QC 活動により，従業員に対し労働に対する「動機づけ」を行うことができる。

(ⅱ)　PDCA サイクル

計画を立て（Plan），実行し（Do），その結果を評価（Check）し，改善する（Action）という一連のプロセスのことをいう。品質管理の権威であり，日本に QC を広めた E．デミング博士が提唱したことから，「デミング・サイクル」と呼ばれることもある。PDCA サイクルの最大の特徴は，一連のプロセスを次の計画に反映させることにある。日本では1951年に「デミング賞」が創設され，7つの統計手法（QC 7つ道具）と集団的な品質改善運動である QC サークル活動を組み合わせた QC の手法が，管理部門や事務

処理部門にも普及していった。PDCA を回していくことによって，継続的な品質向上を実現した。これらの取組みを全社的に行うことを **TQC**（Total Quality Control）という。TQC を手本にしてアメリカでは，これに「顧客満足（CS）」の視点を取り入れ，ボトムアップではなくトップダウンによる手法に発展させていった。すなわち，単に製造工程のみならず，経営層・管理職・作業者の全員で品質管理に取り組んだのである。これが TQM（Total Quality Management：総合品質マネジメント）であり，この TQM の手法を，日本でも1990年代から TQC に代わって用いるようになった。

2．トヨタ生産方式（TPS：Toyota Production System）

日本の自動車業界におけるリーダー企業であり，世界の 3 大自動車企業の一角であるトヨタ自動車が独自に開発した生産管理の手法として，① ジャスト・イン・タイム方式（JIT 方式・かんばん方式）と ② 自働化，を挙げることができる。

(1) かんばん（kanban）方式

トヨタの機械工場長から副社長を務めた大野耐一氏が提唱した「作りすぎのムダ排除のための生産方式」である。市場の需要を起点とした「かんばん」（後工程が前工程に部品を発注する時に使う伝票を「かんばん」という）の授受によって「必要なものを，必要なときに，必要なだけ」生産する方式である。従来の中央集権的に行っていた生産管理は，生産管理課が作成した生産計画を全工程に一斉に伝え，各工程が生産するという方法であった。一方，JIT 方式では，後工程で部品在庫が減った分だけ部品を発注・補充して元の在庫量に戻す方法を採用し，後工程から「かんばん」を前工程に渡して，前工程へ生産・納品指示を行った。その結果，中間在庫を極力圧縮し，生産コスト削減に効果をあげた。

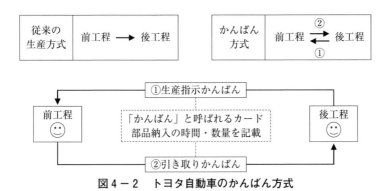

図4－2 トヨタ自動車のかんばん方式

● 必要な時間に必要な量の部品を供給することができ（ジャスト・イン・タイム），余分な部品在庫を持たないのが特徴である。

　【長　所】

①　在庫管理費用が圧縮される。

②　「**多品種少量生産**」に適合的である。

③　「**スピードの経済性**」を獲得することができる。

　　在庫部品の流れが早くなり，注文から出荷までのリード・タイムは短くなる。

　【短　所】……系列下請企業が必要である。

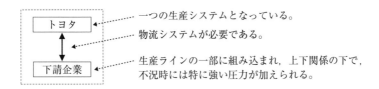

● 海外メーカーにも多く採用され，「リーン生産方式」とも言われる（lean：無駄がない）。

(2)　自　働　化

　アメリカ自動車メーカーの採用した「自働化」（オートメーション化）は，たとえ不良品が出てもラインは停止されなかった。また，生産ラインの停止権限

は上級管理者にあった。しかし，トヨタ自動車が採用した「自働化」では，異常が発生した時にライン作業員自身が自動的に作業を停止し，同時に集団で原因究明を行った（≠単なる生産効率の「自動化」）。

3．見える化

企業が抱える多様な問題を認識できるようにする経営手法の一つである（可視化度を高め情報共有を効果的に行う経営手法）。トヨタ自動車の「あんどん」が有名である。近年，企業の競争優位の源泉が「有形資産」（工場や設備など）から，「無形資産」（ブランドや知的財産）へと移行する中で，無形資産をいかに管理するかが経営の重要な課題となった。しかし，無形資産は，その多くが目に見えないため管理が難しかった。そこで，近年，多くの企業が「見える化」に取り組むようになった。

4．多品種少量生産方式

市場の成熟化，顧客ニーズの多様化等によって，従来の「大量生産方式」による「規模の経済」の追求が難しくなり，1970年代後半以降は，「多品種少量生産方式」の導入が進んだ。「多品種少量生産方式」では，市場における製品需要に応じて生産を行う受注生産の形態をとることが多い。したがって，複雑で変更の多い生産工程をいかに効率的に管理し，生産性を向上させるかが重要な課題となる。そのための方策の一つが「グループ・テクノロジー」である。「グループ・テクノロジー」とは，材質・形状・デザイン等によって多様な部品を共通化・規格化し，まとまりを持ったモジュールにして，生産工程を短縮化するための手法である。

5．セル生産方式

多品種少量生産に対応するために，近年，わが国の生産現場においては，ベルトコンベアー方式が廃止され，「セル生産方式」が注目されている。1992年に山田日登志氏がソニーで導入したのが始まりであり，その後，エレクトロニクス製品の組立工程を有する企業に導入されていった。「セル生産方式」とは，数人の従業員を1単位とするセル（細胞・小部屋）ごとに部品や製品を生産する方式（屋台生産方式）である。メリットとして，①生産品目の変更や増減産に柔

軟に対応できること，② 能力主義・実績主義の評価を行いやすいということ，③ 人間性の疎外が少なくモチベーションの向上が図れること，が挙げられる。ただし，セル生産方式を効率的に実施するためには，数種の作業工程に対応できる質の高い「多能工」の確保や「部品の共通化」等が不可欠である。

6．マルコム・ボルドリッジ国家品質賞（MB賞）

アメリカ産業の国際競争力回復を目指す国家戦略として，1988年に制定された国家品質賞のこと。1980年代，アメリカの製造業は日本や西ドイツなどの海外企業に対して，価格や品質面でその競争力を低下させていた。その状況を打破するために，当時の商務長官であったマルコム・ボルドリッジが中心となり制定した「国家品質改善条例」が基礎となっている。この賞は，7つのクライテリア（基準）を評価し，創造的な活動を継続的に実施することによって，顧客満足（CS）や経営の品質を高めている企業に授与される。極めて完成度の高いTQMを図るモデルであり，日本の現場主導型改善活動と比較すると，よりトップダウン型かつ体系的である。毎年，製造・サービス・中小・教育・医療の5部門から優れた経営システムを有する企業がえらばれ，ホワイトハウスにおいて大統領によって授与される。これらの取組みの影響を受け，「ヨーロッパ品質賞（EQ賞）」（1992）や「日本経営品質賞（JQA賞）」（1995）などが創設された。

7．製品アーキテクチャ

「アーキテクチャ」は日常的には「建築」と訳されるが，経営学で用いられる「製品アーキテクチャ」とは，どのように製品を構成部分に分割し，そこに製品機能を分配し，それによって必要となる部品間のインターフェース（情報やエネルギーを交換する「継ぎ手」の部分）をいかに設計・調整するかに関する基本的な設計構想のことである。

「製品アーキテクチャ」の代表的なタイプとして，「モジュラー型」（組み合わせ型）と「インテグラル型」（擦り合わせ型）がある。まず，「モジュラー型」は，「機能」と「構造」（モジュール）との対応関係が「1対1」であり，部品（モジュール）間の連結部分（インターフェース）がシンプルなため，インターフェー

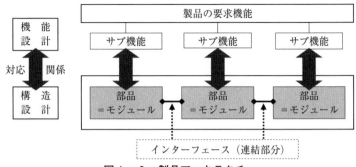

図4－3 製品アーキテクチャ

スの設計ルールに関する事前の知識があれば，他の部品の設計をあまり気にせ
ずに独自の設計が可能なタイプである（例：IBM はパソコンの開発にあたって，マ
イクロプロセッサをインテル社に，OS をマイクロソフト社に外注し，組み合わせた）。
つまり，モジュールの「組み合わせ」が比較的容易なタイプであるといえる。

　次に，「インテグラル型」は，「機能」と「構造」（モジュール）との関係が「多
対多」であり，複雑・錯綜しているタイプである（例：自動車は各部品の擦り合
わせ結合である）。したがって，各部品（モジュール）の設計者は，事前に組み合
わせのルールは決めずに互いの設計の微調整（擦り合わせ）を行い，相互に緊密
な連携を図る必要がある。上記の例で紹介したように，一般的にアメリカ企業
は「モジュラー型」（モジュール化）に強く，日本企業は「インテグラル型」（統
合化）に強いとされる。

製品アーキテクチャの分類	内　容	インターフェース	企　業
モジュラー型	組み合わせ型	１　対　１	アメリカ企業
インテグラル型	擦り合わせ型	多　対　多	日本企業

✣ 用語解説：生産管理関連

① 三現主義

　机上の空論ではなく，実際に「現場」で「現物」を観察し，「現実」を認識した上で問題解決を図るという考え方。企業の情報システムの進展やインターネットの普及により，経営者は膨大なデータや情報を獲得・蓄積することが可能となり，現実を容易に知ることができるようになった。その反面,「自分の目で確かめ」「自分の耳で聞き」「自分の肌で感じ」「自分で考える」ことをせずに，机上でデータや情報を見ることによって，現場で起こっていることを認識した気になり，誤った判断をしてしまう経営者が増えている。企業が蓄積しているデータは，あくまで現状の結果を表しているに過ぎず，インターネットで入手できる情報は，誰にでも入手可能な情報であり，それらのデータや情報だけでは，将来に向けた正しい判断はできない。

　経営幹部による「三現主義」の実践は，現場の管理職や一般社員が，経営や技術の向上・改善に対する参画意識を持つことにつながる。その結果，収益の源泉である現場が強くなり，企業は成長する。ホンダやトヨタが，「三現主義」に基づいてモノづくりを行っていることは有名であるが，近年は花王，P&G，セブン-イレブンなどの優良企業も三現主義を実践に移し，現場で経営幹部が一般社員とともに問題解決に取り組んでいる。

② シックス・シグマ（6σ）

　統計分析や品質管理手法を用いて，製品製造やサービス提供に関連するプロセス上の欠陥を識別・除去することで，業務オペレーションのパフォーマンスを測定・改善する方法である。「σ」は統計学用語であり，「標準偏差」（分布のばらつき）を示す。シックス・シグマは，品質のばらつきを標準偏差で測定し，正規分布の中心に平均から±6σを「管理限界」として，管理限界の外に出た場合に対応を行うことで，品質を維持しようとする。これは，100万回のオペレーションにおいて3.4回（0.00034％）の欠陥しか発生しない状態であり，事実上完璧なプロセスパフォーマンスレベルといえる。従来の品質管理手法は，製造部門以外では適用しにくかったが，6σは，営業やマーケティングなどの非製造部門でも適用でき，全社的な経営品質の改善を可能にする。1980年代初めにアメリカのモトローラ社で開発された。その後,GE社のジャック・ウェルチ会長が大きな成果をあげ，世界的に注目された。

③ ISO：International Organization for Standardization（国際標準化機構）

　ISO は，電機分野を除く工業分野の国際的な「標準規格」を策定するための民間の非営利団体であり，本部はスイスのジュネーブにある。各国から1機関が参加でき，日本からは日本産業標準調査会（JISC）が参加している。「標準規格」は，国際間の

モノやサービスの流通を円滑にするための規格である。代表例として，カメラのフィルムの感度や非常口のサインなどがある。「標準規格」に適合したモノは，世界中どこで購入しても同じように使用できる。80年代は，モノの「標準規格」が中心であったが，90年代になるとモノやサービスを提供するプロセスの管理を目的とした「マネジメントシステム」の規格が注目されるようになった。その代表例が，ISO9001（品質の向上や確保のための PDCA を規定）と ISO14001（環境改善のための PDCA を規定）である。ISO には，規格の要求は規定されているが，手段については規定されていない。各組織で構築された「マネジメントシステム」が「規格要求事項」を満たしていると審査登録機関が認めた場合に，ISO の認証が行われ公表することができる。これにより，「品質の管理」や「環境への配慮」に関する社会的評価が得られる。

④ 品質マネジメントシステム（QMS）

ISO9000s（シリーズ）ともいう。ISO9001が品質管理および品質保証のための国際標準モデルとして，1987年に制定されたのが始まりである。

⑤ 環境マネジメントシステム（EMS）

ISO14000s（シリーズ）ともいう。ISO14001が環境に配慮した諸活動に関する国際標準モデルとして，1996年に制定されたのが始まりである。

第6節　財務管理

I. 目　的

企業経営においては，資本の調達と運用を適切に計画・統制していくことが重要である。資金（元手）がなければ，企業活動そのものを行うことができないからである。

ここでは，経営目標実現のための資金の流れ（キャッシュ・フロー）を管理することが重要である。近年は日本企業でも，最高財務責任者（CFO：Chief Financial Officer）の重要性が認識されるようになった。CFO は通常，財務部長（ファイナンス部門）と経理部長（アカウンティング部門）を監督する役割を担う。

　戦略財務は，企業価値創造の経営目標の下で，最高財務責任者（CFO）がとる経営財務政策をいう。代表的な「戦略財務」には，① 資本調達戦略，② 投資決定戦略，③ M&A 戦略・持株会社戦略などがある。「戦略財務」は，経営戦略の中で，特に財務に関する戦略を意味するが，企業の経営改革に役立つものであり，企業価値創造につながる。上場企業においては，金融・資本市場と密接に関連しており，株式の時価総額によって示される株式価値は，株式市場による企業に対する評価であるため，「戦略財務」によってこの企業価値創造を高める必要がある。

Ⅱ．企業資本の種類と調達方法

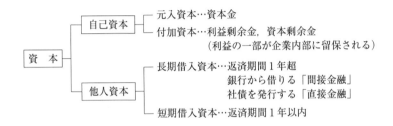

1．デット・ファイナンス

　企業の資金調達方法のうち，他人資本（負債）による資金調達を「デット・ファイナンス」という。デット・ファイナンスには，① 社債や長期借入金といった「長期資金調達」と，② 短期借入金などの「短期資金調達」がある。また，「**直接金融**」である社債と「**間接金融**」である銀行借入に分類されることもある。社債を発行し投資家から直接資金を調達する資金調達方法を「直接金融」という。銀行から借り入れる「間接金融」よりも低金利であるため経営上有利といえる。

　しかし，日本では従来からグループ企業内における「メインバンク」の存在が大きく，いざという時のために，少々利息が高くてもメインバンクと日頃から密接な関係を保つことの方が優先されてきた経緯がある。ただし，近年は資

本コストを低減させるため，「直接金融」へシフトしてきている。

●参考：社債・転換社債●

　社債とは株式会社が発行する債券のことである。社債発行と銀行借入を比較した場合，社債発行のメリットは，① 長期・固定の資金が調達できる，② 信用力が高い企業の場合には，低コストで発行できる，などのメリットがある。

　転換社債とは，転換請求期間内であれば，株式に転換できる権利が付与された社債である。投資家は，株価が上昇した場合は，株式に転換して売却すれば多くの利益を得ることができる。一方，株価が下落した場合は，社債のまま保有していれば利付債券として，定期的に利息を受け取ることができ，償還日には額面金額を受け取ることができる。したがって，投資家にとってメリットが多く魅力的な金融商品の一つとなっている。発行企業にとっても，普通社債に比べて利子負担を抑制することができる上に，社債（負債）が株式（資本）に転換されることによって，財務諸表の負債比率を低下させることができるためメリットがある。従来，日本では「適債基準」が存在し，公募形式で社債を発行できるのは一定以上の信用力のある企業に限られ，仮に発行企業が経営難に陥ってもメインバンクから支援が行われたため，公募社債のデフォルト（元利金の支払不能)[1] の心配はなかった。しかし，1996年に「適債基準」が廃止され，メインバンクの体力も低下したことから，1997年のヤオハン以降，日本でも公募社債のデフォルトが現実のものとなった。したがって，投資家の判断にとって，社債の償還可能性を表す「格付け」[2] が重要となっている。

　1）「デフォルト」（債務不履行）とは，債券の発行者が破綻等で利払いや元本の支払いを停止することや企業融資やプロジェクト融資などの返済が滞ることをいう。この状態では利息が支払われなかったり，元本の回収ができなかったりするため深刻な事態になる。特に巨額の資金調達を行った大型の案件については，銀行団などに対して利払いの延期や債務の削減交渉などが行われ，事態の打開を図ることが多いが，その場合，金融機関や投資家などに多額の損失が発生することもある。一般に債券については投資家が直接保有するため，利払いや元本の返済の安全性について客観的に知る必要があり，「格付け」が判断材料の一つになる。

　2）「格付け」とは，スタンダード＆プアーズ，ムーディーズ，フィッチ・レーティ

ングスなどの「格付け会社」が債券の信用力や元利金の支払い能力の安全性など
を総合的に分析してランク付けし，「AAA」や「Aa1」などの符号で表示したも
ので，発行体の財務状況などの変化に合わせて随時見直される。デフォルトは，
事業会社（企業等）だけでなく国家にも起こることがあり，1998年ロシア，2001
年アルゼンチン，2011年ギリシアにおいて金融危機が発生した。

２．資本コスト

資本コストとは，企業が調達した資本にかかるコストのことである。

```
　　　　バランス・シート
　┌─────┬─────┐
　│　　　　　│　負　債　│…負債コスト（他人資本コスト）
　│　資　産　├─────┤
　│　　　　　│　資　本　│…株主資本コスト（自己資本コスト）
　└─────┴─────┘
```

(1)　株主資本コスト（自己資本コスト）

株主からの出資を受けて調達した資本に対するコストである（例：株主への配
当）。

　一般的に株主資本コストは以下の算式によって求められる。

株主資本コスト　＝　リスク・フリー・レート　＋　リスク・プレミアム

①　リスク・フリー・レート

リスク・フリーの投資（例：国債）から得られる利回り（市場利子率などの期
待収益率）のことである。

②　リスク・プレミアム

　株式投資の期待利益率がリスク・フリー・レートを上回る利回りをいう。株
式投資の期待利益率がリスク・フリー・レートを上回らなければ，投資家は株
式投資しない。この差を「リスク・プレミアム」という。

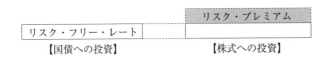

```
　　　　　　　　　　　　　　┌─────────────┐
　　　　　　　　　　　　　　│　リスク・プレミアム　│
　┌─────────────┼─────────────┤
　│　リスク・フリー・レート　│　　　　　　　　　　　│
　└─────────────┴─────────────┘
　　　　【国債への投資】　　　　　　【株式への投資】
```

株主資本コストは，投資家の視点から見れば，株主の要求する最低限の収益率といえる。

(2) **負債コスト**

資本コストのうち，債権者から調達した負債にかかるコストである（例：借入金利息，社債券の発行費用，社債利息）。

Ⅲ．「資本構成の決定」と「MM理論」

「資本構成の決定」とは，総資本のうち「自己資本」と「他人資本」の占める割合を決定することである。資本構成の決定に関する代表的な理論がノーベル経済学賞受賞者でもあるモジリアーニ（Modigliani, F.）とミラー（Miller, M. H.）の「**MM理論**」（MMの無関連命題）である。彼らは，完全資本市場・倒産の危険性がないなどの前提の下では，「資本構成は会社の価値（企業価値）や資本コストには全く影響しない」と主張した。この理論では，資本構成は企業価値とは無関係なため，その結果，最適資本構成は存在しない，ことになる。MM理論によれば，企業価値を高めるのは資金調達の方法ではなく，「資金の使い方」であり，投資家にとっての企業価値は「キャッシュ・フローの現在価値」である。その際，キャッシュ・フローを生み出すのは「資産」であるため，「資産」内容が企業価値を決める。したがって，資本構成はそれほど重要ではないのである。

Ⅳ．財務リバレッジ効果

ここで「リバレッジ」とは，総資本に占める負債（他人資本）の割合のことをいう。自己資本比率の割合によって，自己資本利益率（経営指標の一つ）が大きく異なる。リバレッジが高い（自己資本比率が低い）と「財務リスク」が発生する。リバレッジが高いと，① 業績好調時には，さらに急激に利益が上がる。その理由は，負債を負ってでもそれ以上の利益を上げることができるからである。一方，② 業績不振時には倒産しやすくなる。その理由は，支払利息の負担が経営を圧迫するからである。日本の企業の自己資本比率の低さは問題視されてきた。

Ⅴ. リバレッジド・バイ・アウト (LBO)

　被買収会社の資産を担保として，買収資金を調達する方法。リバレッジ＝「てこ」のことである（小さな力で大きな物を動かすことができるというニュアンス）。これにより買収会社は少ない資金で被買収会社をてこにして借入限度を超えて借金することができる。

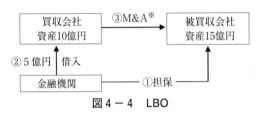

図 4 － 4　LBO

※ M&A：Merger & Acquisition ＝「合併と買収」
　　　　　友好的 M&A：被買収企業の合意あり。
　　　　　敵対的 M&A：被買収企業の合意なし。

Ⅵ. 配当政策

　「配当政策」とは，企業の経営成果を株主に還元する方法・金額・回数などを決定することである。配当政策の決定は企業の資金調達政策に影響を与え，ひいては企業の投資政策にも影響を与えることになるため，重要な経営政策上の意思決定である。株主側の観点からも，「配当」は株主が受け取ることができる成果の配分であり，また，「内部留保」は将来の企業価値（将来の配当）の源泉でもあるため，配当政策は「経営者」対「株主」の利害対立の問題を常に内包している（エージェンシー問題）。MM 理論によれば，税金も取引費用も存在しない純粋世界においては，配当政策は企業価値に何らの影響も及ぼさないとされる（107頁参照）。また，わが国の税制の下では「配当（インカムゲイン）」と「キャピタルゲイン」のいずれに優位性があるわけでもないといわれる。しかし，現実の企業は多様な配当政策をとり，株主も「増配」「減配」などの配当政策の変更に大きな関心をもつ。このような現実と理論の乖離は，「配当パズル」の問題として議論されてきた。

Ⅶ. 投資判断に関する指標

投資家が重視する代表的な指標を見てみよう。

1. ROE（Return On Equity）……**自己資本利益率**

$$ROE = \frac{当期純利益}{自己資本}$$

企業の業績を財務的に評価する方法であり，株主が投下した資本が効率的に利用されているか否かを判断する指標である。

2. ROA（Return On Asset）……**総資産利益率**

$$ROA = \frac{当期純利益}{総資産}$$

ROEと同様に，企業の業績を財務的に評価する方法であるが，ROEと異なり，株主だけでなく債権者も含めた関係者から集めた資本が効率的に利用されているか否かを判断する指標である。ROEが株主にとっての効率性を示しているのに対し，ROAは企業全体の効率性を示している。

3. PER（Price Earnings Ratio）……**株価収益率**

$$PER = \frac{株価}{1株あたり当期純利益}$$

企業の1株あたり利益に対する株価の倍率のことである。株価と企業の収益力を比較することにより株式価値を判断するための指標である。市場平均との比較や，企業の過去との比較で株価の割高・割安を判断する。

4. 配当性向

$$配当性向 = \frac{配当金}{当期純利益}$$

税引後の当期純利益に対する配当金の割合をいい，「配当性向が高い」ほど「企業の内部留保が少なく」，「配当性向が低い」ほど「企業の内部留保が多い」ことを意味している。

❖ 用語解説：財務管理・資金調達関連

①　デリバティブ（金融派生商品）

　デリバティブの代表的なものとして，転換社債（株式に転換できる社債），ワラント債（新株予約権付社債：一部を株式に転換できる社債）等がある（転換社債＋ワラント債＝新株予約権付社債，2002年商法改正）。これらの金融派生商品は，新株発行を伴う資金調達方法であり，企業にとって金利負担が軽くなり有利な資金調達方法である。その他，先物（予め定められた将来時点において，予め定められた価格で金融商品を受け渡す売買取引契約），オプション（予め定められた期日または期間内に，予め定められた価格で金融商品を売買するかどうかの選択権の取引）等がある。

②　投資ファンド

　主に事業会社に対し，新規投資や企業再生を目的に組織されたファンドのことをいう。企業形態は，会社，投資組合，パートナーシップ等，多様である。従来は，ベンチャービジネスに対する投資等に限られた存在であったが，海外の投資ファンド（例：アメリカのリップルウッド・グループ，カーライル・グループ）が日本企業の再生に参入したことで，日本の金融市場においても注目されるようになった。株式投資，企業買収等を通じて投資収益を追求する。国内の投資ファンドも注目を浴びている。なお，機関投資家等の資金を集め，高利回りの運用を行うのが「ヘッジファンド」である。

③　日本版401k（確定拠出型年金）

　アメリカの「401kプラン」をモデルに，わが国でも2001年10月から導入された年金制度である。運用実績に応じて将来受け取る金額が変動する自己責任型の年金制度である。将来の年金受給者本人が，民間金融機関等を通じて，掛け金の運用対象商品（預金，債券，株式，投資信託等）を選択する。日本版401kには，企業年金を有する企業の従業員が加入する「企業型」と自営業者等を対象とする「個人型」がある。導入当初は，大企業中心（トヨタ自動車，日立製作所等）であったが，最近は中小企業や医療・財団法人にも拡大している。

④　TOB（Take Over Bid）

　企業を買収しようとするときに株式市場を通さずに，被買収企業の株主から直接株式を購入する方法（株式の公開買い付け）。あらかじめ買取価格を公開するため市場価格よりも高くなるが，買収を早く済ませることができるメリットや買収発表後の被買収企業株の株価高騰を抑制させることもできる。近年は，わが国でも経営陣の同意を得ずに行われる「敵対的TOB」の実施が増加している。その一方，ライブドアによ

るニッポン放送株の取得に見られたように, TOB を実施せずに証券取引所の「時間外取引」を通じて株式を買い占める事例が相次いだため, 証券取引法の抜本的な見直しが行われ, 2006年6月には, 投資ファンドに対する規制やインサイダー取引の罰則強化を盛り込んだ金融商品取引法が成立した。同法では, TOB を行わなければならない範囲の明確化や, 投資家に対する TOB 関連の情報開示の充実など, 投資家保護の姿勢が徹底されている。

⑤ MBO (Management Buy Out)

企業内で社員が担当しているある事業を別会社化し, スピンオフ (担当社員がその事業を継続させる目的をもって会社を辞めること) したその社員が出資し会社経営にあたることをいう。いわゆる「のれん分け」と考えればよい。企業側としても, 競争力のある事業領域に経営資源を集中させたいのである (コア・コンピタンス:企業の「中核となる能力」)。わが国では, 2000年頃から頻繁に行われるようになった。

⑥ ディスクロージャー (企業の情報開示)

企業価値に対する市場からの十分な評価を得たり, 適切なコーポレート・ガバナンスを行うために, 効果的な情報開示が必要となる。ディスクロージャーとは, 企業組織の内部情報を外部に対して情報開示することをいう。

表4-1 ディスクロージャーの基本分類

制度的 ディスクロージャー	商法や金融商品取引法に基づくディスクロージャーであり, 財務諸表の開示が典型例である。
自発的 ディスクロージャー	制度によらずに企業が自発的に行うディスクロージャーである。IR がその代表例である。

⑦ IR (Investor Relations)

特に, 投資家に的を絞った広報のことである。一般的な企業の情報開示である PR (Public Relations) と比較される。企業活動に関する財務状況や経営戦略について情報を提供し企業価値を正しく理解してもらい, 株式市場等で公正な評価を得るための活動である。自社の株価の適正化を図るために, 株価に影響力の強い証券アナリストやファンドマネージャーを集めて行われることが多い。また,「沈黙のらせん現象」(沈黙を守ることにより悪い噂が広がる現象) を防ぐ目的もある。

⑧ トラッキング・ストック (TS:Tracking Stock)

株式の価値が企業全体の業績ではなく, 特定の事業部門や子会社の業績と連動する株式のことで, 1984年に GM が発行して以来, アメリカでは大企業を中心に発行されている。日本でもこれに類似する「子会社連動配当株」をソニーが2001年6月に発行した (子会社= SCN:ソニーコミュニケーションネットワーク)。完全子会社であっ

ても TS の経営手法により，上場企業と同様の資金調達が可能となる。

⑨　ABC（Activity Based Costing）→ ABM（Activity Based Management）

　ABC（活動基準原価計算）とは商品やサービスの原価計算において作業工程で行われた一つひとつの「活動」を最小単位として，それに要した時間や労力に応じてコストを配分する方法である。1980年代後半にアメリカの製造業において間接費を正確に把握するために実用化されたが，間接費のウエイトの高い非製造業にも当然普及し，わが国でも経営管理を革新できるものとして導入企業が急増した。

⑩　ALM（Asset Liability Management：資産・負債の総合管理）

　資産と負債を総合的に管理することをいう。金利や為替の変動リスクに対しバランスシートを用い一元的に資産管理を行っていくリスク管理手法である（特に金融機関で使用）。アメリカの住宅ローン会社は，短期での資金調達を行い，長期での融資を行っていた。これを ALM で管理した場合に，資産と負債のリスクがバランスしない。そのため，住宅ローン会社はサブプライムローン（低所得者向けローン）債権を証券化し投資家に販売したのである。しかし，この債権は返済の遅延・不能リスクが高い債権であり，住宅価格上昇の鈍化などにより，2007年に「サブプライム問題」が顕在化した。

⑪　サブプライム・ローン問題

　広義には，アメリカにおいて信用力の低い借り手に対して貸し出されるローンの総称であり，狭義には，その中で住宅ローンのみをいう。一般に「サブプライム問題」といわれる問題は，狭義の意味において用いられる。2006年末で9.6兆ドルの住宅ローン残高のうち，約13％をサブプライム・ローンが占めた。サブプライム・ローンは，当時急激に増加したが，2006年に延滞率が上昇し，借り手の信用を上回るローン供与による破綻が懸念された。その背景は，① 住宅価格高騰により，住宅ローン供給者である金融機関の審査が甘くなったこと，② 当初数年間は固定金利，または返済が金利相当分に限定されるなど，借りやすい新商品が積極的に販売されたこと，③「証券化」を通じてリスクを移転できるため，金融機関の審査が甘くなり，またそれらに歯止めをかけるシステムが存在しなかったこと，があった。特に，「証券化」が問題を深刻化させた。サブプライム・ローンの多くが，それを裏づけした ABS（資産担保証券）や CDO（合成債務担保証券，ABS を再証券化）などとして世界中の金融機関や投資家に販売された。2007年 6 月に経営破綻したベア・スターンズが参加したヘッジファンドに救済融資を発表したことが契機となり，翌 7 月には格付け会社がサブプライム・ローンを担保にした証券化商品を一斉格下げしたことから，サブプライム問題はアメリカだけでなく，ヨーロッパや日本にも深刻な影響をもたらした。この波紋から2008年終盤には「リーマン・ブラザーズ」社の倒産による「リーマン・ショック」が引き起こされ，高い信用力を持っていた AIG などの企業も国有化される事態にまで

至った。その後も大幅な世界同時株安が度々起こったことから世界中の金融機関で信用収縮の連鎖が起こり，未曽有の世界金融危機が引き起こされた。

⑫　環境会計

　企業が自社の環境保全への取組みのコストと効果を定量的に把握することを目的とした測定と伝達の仕組みのことをいう。

第7節　情報管理

　経営管理層の「意思決定」に役立つ情報を取得・処理・分析・保管することが重要である。ここまで説明してきた，労務管理，生産管理，財務管理もそれぞれの情報に基づいて行われる。例えば，コンビニエンスストアのレジは，①POS（Point of Sales）システム：販売時点情報管理システムによって商品の販売状況および在庫管理を行い，② CIM（Computer Integrated Manufacturing）システム：生産管理システムによって生産数量を管理し，③ SIS（Strategic Information System）：戦略情報システムによって，経営戦略が考案されている。

I．戦略的情報

　競争優位を構築するために必要な情報のことであり，情報の「特異性」と「優位性」の観点から4つに分けることができる。これらの情報により，企業環境の「機会」と「脅威」を知ることができる。各情報の特質を4つに分類する。① 一般情報は，情報の特異性も，情報の優位性も小さい情報である（例：商品化された情報）。② 分散情報は，情報の特異性は大きいが，情報の優位性は小さい情報である（例：属人的情報，先取り情報）。③ システマティックな情報は，情報の特異性は小さいが，情報の優位性は大きい情報である（例：標準化，システム化された情報）。④ 専門情報は，情報の特異性が大きく，情報の優位性も大きい情報である（例：組織内で蓄積，加工された情報）。

II．情報ネットワーク

　情報ネットワークとは，情報を媒介として組織と組織を結びつけるものであ

り，インターネットを用いたコンピュータ・ネットワークが普及している。そのメリットとして，社内や企業間で情報を共有化できる点が挙げられる。逆に，デメリットとして，情報は知る者が少ないゆえに価値を持っており，情報の共有化が企業間競争にとっては問題となる場合もある（情報セキュリティ問題）。

❖ 用語解説：情報管理関連

① データウェアハウス（DWH）
　データの倉庫。顧客との取引記録を加工せずそのまま蓄積するデータベースのこと。膨大な量のデータにのぼる。この中から重要な相関関係を見つけ出すための作業をデータマイニング（Date Mining）という。

② EC（Electronic Commerce）
　電子商取引（E コマース）。インターネットを利用した効率的な商取引が行われている。EC は大きく 3 つに分類できる。
　ⅰ）B to C（Business to Consumer）：企業―消費者間の EC
　ⅱ）B to B（Business to Business）：企業―企業間の EC
　ⅲ）C to C（Consumer to Consumer）：消費者―消費者間の EC

③ ERP（Enterprise Resource Planning）
　企業の経営資源の一元管理のこと。SCM 機能（サプライチェーン・マネジメント）や CRM 機能（カスタマーリレイションシップ・マネジメント：顧客との関係を管理）を加え，統合管理機能を充実させており，ASP（低料金・大容量の通信回線を用いて各種のアプリケーションソフトを提供するサービス事業者）方式によるサービスも登場し，小コストで ERP パッケージを利用できる環境が整いつつある。

④ イントラネット
　企業内の LAN（Local Area Network）を利用して構築されたインターネットシステムのことである。

⑤ ナレッジ・マネジメント（知の管理）
　社員が持っている知識を誰にでも理解できる記号や言葉に置き換え（「暗黙知」から「形式知」への変換），これらの十分に活用されていない社内知識を共有・流通させ新たな知識の創造を期待すること。

⑥ ネットビジネスモデル

ビジネスモデルとは，事業戦略を質的な面から具体化したもので，事業の仕組みを意味する。インターネットの普及により，新しいビジネスモデルが次々と生まれている。インターネットの特徴は，オープンで低コストのネットワークである点に見出すことができる。ネットビジネスの参加者は，インターネットというインフラを低コストで使用し，外部の組織や経営資源とつながることによって，新ビジネスが構築されているのである。したがって，ネットビジネスは本質的に「オープン・リソーセス」であり，これが市場の急成長の原動力となっている。

⑦ ディスインターミディエーション

インターミディエーションとは問屋や小売業の流通機能を指す。「ディス」は否定を意味する。したがって，「ディスインターミディエーション」とはインターネットによってメーカーが直接顧客と直結し，流通機能が不要になることをいう。

ただし，物流費は高くなるため，単価の低い製品のネット販売は顧客にとってメリットはない。したがって，ネット販売に適しているのは，単価の高い製品で個別配送を求められるものになる（家電製品等）。近年は，小売業（家電量販店や百貨店）がネット販売を行っている。これらの企業が取り扱っている製品は比較的単価が高く，独自の物流システムを有しているため，ネット販売に適合的である。また，ネット販売の広告を店舗販売の広告と組み合わせることによって広告コストの縮減にも成功している。これらのビジネスモデルを「ニューインターミディエーション」という。

第8節　経営計画

Ⅰ．経営計画とは

経営計画とは企業で策定される諸計画のことであり，時間的な限定が設定された具体的行動予定である。

Ⅱ．経営計画の種類

1．総合計画と部門計画

計画の対象領域を基準とした分類方法である。

総合計画	企業全体を対象領域とする「全体計画」である。
部門計画	企業の特定部門や特定職能を対象領域とする「部分計画」である。

2．個別計画と期間計画

計画対象の内容による分類方法である。

個別計画	「プロジェクト計画」とも呼ばれる。特定課題に関する計画である（例：新製品開発計画，設備投資計画）。
期間計画	計画の期間による分類である。通常，1年以内の計画を「短期計画」，1年を超える場合を「長期計画」という。2〜3年を「中期計画」，3〜5年を「長期計画」と呼ぶ場合もある。

3．戦略的計画と戦術的計画

計画内容のレベルからの分類方法である。

戦略的計画	環境適応行動のための経営戦略を計画したものである（例：新製品開発計画，多角化計画）。また，通常，戦略的計画は，「長期計画」となる。
戦術的計画	日常業務を執行するための計画である（例：予算）。

Ⅲ．経営計画の修正

現在の企業環境の変化は激しく，経営が陳腐化したり，計画策定時点では予期していなかった事象が起こる可能性もある。そのような状況の下で，経営計画の修正が行われることはめずらしいことではない。経営計画の修正として以下の2つの方法が代表的である。

ローリング・プラン	中・長期計画の内容を定期的に見直し，部分的に修正を加えていく技法のことをいう。
コンティンジェンシー・プラン （状況適応計画・ シャドー計画）	企業の業績に対する影響の大きい不測の自体をあらかじめ想定し，その適応行動を事前に策定しておき，その内容を具体化したものである。 【メリット】適応行動の柔軟性・迅速性を確保できる。 【デメリット】計画策定に関するコスト増大。

第5章　経営戦略論

●単元の目標●

　現代企業を取り巻く環境の変化は著しく,企業が継続企業（going concern）として存続していくためには，戦略的経営が不可欠です。企業を取り巻く経営環境が変化すれば，「経営戦略」も変化します。この単元では，「経営戦略」の基本を理解するとともに，その変化についても理解を深めることを目標としています。

第1節　経営戦略とは何か

Ⅰ. 定　義

　テイラーの科学的管理法に代表されるように，従来の経営学では内部の経営資源の管理がその中心であり，経営学＝経営管理論であった。その後,バーナードが，1930年代後半に企業を取り巻く外部環境との均衡の問題に着目した（オープン・システム，59頁Ⅱ. 参照）が，一般的には，まだその当時は人間関係論が全盛期であり，経営の焦点は内部の人間関係や職場改善にあった。

　しかし，1960年代のアメリカ企業の国際的展開が進む中で，経営者達は，企業内部の管理を適切に行ったとしても，外部環境に適合できなければ競争に勝ち残ることができないことに気づいたのである。そこで，オープン・システムとしての企業が環境適合を通じて，存続・成長を図っていくという「経営戦略

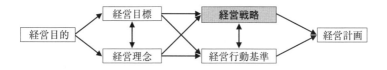

論」が注目されるに至ったのである。経営学で初めて本格的に経営戦略論を論じたのは，チャンドラー（Chandler, Jr. A. D.『経営戦略と組織』1962）であり，その後，アンゾフが初めて経営戦略策定過程を初めて体系化した（『企業戦略』1965）。

　経営戦略には，多様な定義が存在しているが，① アンゾフによれば「組織の発展プロセスを指導する新しい意思決定ルールとガイドライン」と定義され，② ホファー＆シェンデルによれば，「企業がその経営目的を達成する方法を示すような，現在並びに予定した資源展開と環境との相互作用の基本的パターン」と定義される。

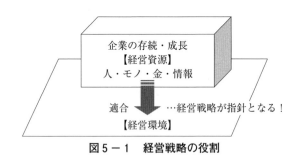

図 5 － 1　　経営戦略の役割

Ⅱ．経営戦略論の流れ

　経営戦略論の内容は多岐に渡るため，全体像を先に確認しておこう。

表 5 － 1　　経営戦略論の流れ

時代	中心課題	代表的な理論・研究者
1960 年代	アメリカ企業が「国際化」や「M&A」によって経営を多角化する中で，「いかに多角化していくか」について指針を与えることが期待された。	A. D. チャンドラー H. I. アンゾフ
1970 年代	既に「多角化した事業をいかに管理するか」に力点が置かれた。1970年代後半には戦略の策定のみならず，それを遂行するための要素を包括的に体系化した戦略的経営の考え方が登場した。	BCG の PPM 理論
1980 年代	全社的戦略に加えて事業分野ごとの戦略が重視された。特に事業分野ごとの「競争戦略」が主流となる。1980年代後	M. E. ポーターの競争戦略論リストラクチャ

半にはアメリカでは景気後退により多角化しすぎた経営資源を整理・統合する動きが見られ「**リストラクチャリング**」の技法が見られた。		リング
1990年代	コンピュータや情報・通信技術の発展により経営の各領域をネットワークによって再編成するという経営システムの情報化が急速に発展した。**コスト削減・スピード経営・経営資源の選択と集中**など新しい経営上の課題が生まれ，新しいビジネスモデルの多様化が見られる。	コア・コンピタンス経営

Ⅲ．経営戦略の構成要素

　企業を環境に適合させるための指針（経営戦略）として，4つの構成要素について意思決定する必要がある。

表5－2　経営戦略の構成要素

1．事業領域（ドメイン）の決定	2．経営資源の展開の決定	3．競争優位性	4．組織間関係
どこで戦うのか。	人・モノ・金・情報をいかに展開させるのか。	ライバル社よりも優位に立つためにはどうすればよいのか。	味方となる企業との関係をどう構築するのか。

1．事業領域（ドメイン）の決定

　ドメインとは，「事業領域」のことであり，現在から将来にわたって，企業の事業がいかにあるべきかを明示した「企業の生存領域」である。「ドメイン」は社会学者のレビンとホワイトが，医療組織に関する組織の研究の中で初めて提示した概念である。また，ドラッカーは，企業活動にとって，「決められたことをどれだけ効率的にやるか」よりも，「やるに値するものが何であるのか」を見出す努力をすることの方が決定的に重要であることを力説しているように「ドメインの決定」は経営戦略上，非常に重要な要素となっている。また，ドメインは構成要素2～4の基盤となる部分である。ドメインの設定ミスは，企業の存続を危うくさせることにもなりかねない。その設定は狭すぎても，広すぎても企業経営にリスクが発生する。

ドメインの設定が狭すぎる場合のリスク	多様化する顧客ニーズに対応できなくなる。
ドメインの設定が広すぎる場合のリスク	経営資源が分散化してしまう。不必要な企業間競争に巻き込まれるおそれがある。

次にドメイン設定の成功例と失敗例を見てみよう。

(1) 成 功 例

NEC は「C&C（コンピュータ＆コミュニケーション）」に事業領域を決定し，企業の将来の方向性を示した。ここでの「C&C」とは，CI（コーポレート・アイデンティティ）と言われるもので，経営目標を具体化し，企業の存在意義や方向性を明確化するために作成される。当初は，VI（ビジュアル・アイデンティティ）と呼ばれ，単なる企業のシンボルマークの作成や企業名の変更に過ぎなかったが，次第に企業イメージの変革から従業員の意識改革まで含んだ企業改革を目指すものとして使われるようになった。

(2) 失 敗 例

ドメインを狭く設定しすぎて失敗した例として，交通革命に対応できなかったアメリカの鉄道会社やエネルギー革命に対応できなかった日本の石炭会社を挙げることができる。また，ドメインを広く設定しすぎて失敗した例として流通業から「生活創造産業」を目指した西武セゾングループを挙げることができる。

2．経営資源展開の決定

構成要素で決定したドメインにおいて，経営資源（人・モノ・金・情報）の効率的な蓄積と配分を行うことが必要である。経営資源を獲得していくためには，(1)自社で独自に蓄積していく方法と，(2)他社が蓄積した技術やノウハウを利用する方法がある。

(1) 自社で独自に蓄積していく方法

研究員による研究開発（R&D），製造現場における生産上の技術（スキル）や方法（ノウハウ）の開発，営業部門における販売ルートの開拓などが具体例として挙げられる。これらの資源は，自社のオリジナルの資源であり，ライバル社

に対する強力な戦力になり得るが，その開発・蓄積に多くのコスト（時間・費用）を要するため，タイムリーな戦略展開ができない場合もある。

(2)　他社が蓄積した技術やノウハウを利用する方法

①　M&A（Mergers and Acquisition）……合併・買収

合併（merger）とは，企業同士が法的に合体して法人格が一つになることであり，合併当事会社のうちの一つが消滅する「吸収合併」と当事会社のすべてが消滅して新たに法人格が創設される「新設合併」がある。また，買収（acquisition）とは，営業譲受や株式取得，株式交換等を通じてある企業の支配権を取得することである。既に活動をしている企業の経営資源を自社のものとすることができる。したがって，他の方法に比べ，迅速に経営資源を調達することができる。しかし，合併時に組織の融合がうまくいかずに権力闘争が起こったり（例：都市銀行の合併），買収時に膨大な資金が必要となる（例：プロ野球球団の買収）など，リスクも伴う。近年は，会社分割（divestiture）を含めて「M&A&D」と使われることも多い。

【M&A】に関する関連知識

(i)　M&A の分類

㋐　どのような企業を対象として M&A を行うのか。

水平型 M&A	同一産業内における多角化。すなわち，競争相手企業に対する M&A である。
垂直型 M&A	川上企業や川下企業を対象とする M&A である。
多角化型 M&A	基本的には無関連な他の産業の企業を対象として M&A を行う（コングロマリット型 M&A）。

(㇦)　M&A の対象企業に同意があるのか。

友好的 M&A	相手企業の同意を得て行う M&A である。
敵対的 M&A	相手企業の同意を得ずに行う M&A である。

(ウ) 国内企業対象か，国外企業対象か。

IN-IN 型	国内企業同士の M&A。
OUT-OUT 型	外国企業同士の M&A。
IN-OUT 型	国内企業が外国企業を M&A する場合。
OUT-IN 型	外国企業が国内企業を M&A する場合。

(ii) M&A における日米比較

(ア) M&A の特徴

●日本の特徴

　　従来の M&A の大半が「友好的 M&A」であった。既に触れたように日本企業では株式の相互持合による安定株主工作が行われてきたため，市場で流通している株式が少なく，敵対的買収を行うことが困難であった（株式所有構造上の理由）。また，敵対的買収は企業の「乗っ取り」と捉えられることが多く，社会的認知が得られないことが多かった（社会的風土）。

●アメリカの特徴

　　敵対的買収のイメージが強いが，アメリカにおいても友好的 M&A が多い。ただし，1980年代から敵対的 M&A が急増した。アメリカでは，機関投資家や個人などの浮動株主が多く，敵対的買収が行いやすい環境にある。また，会社は株主のものという意識が強く，無能な経営者は敵対的 M&A にさらされるのが当然であると考えられ，社会的認知も得られやすい。

(イ) M&A の歴史

●日本

～1970年代	M&A はほとんど見られない。株式の相互持合が原因であった。
1980年代	バブル経済を背景にアメリカ企業への M&A が盛んになった。
1990年代	M&A が急増した。バブル崩壊後の不況の中で「リストラクチャリング（事業の再構築）」を目的としたり，経営破綻企業に対する「救済型 M&A」が多いのが特徴である。

●アメリカ

第一次 M&A ブーム (19世紀末～20世紀初頭)	水平型 M&A が中心であった。その結果，GE（ゼネラル・エレクトリック），スタンダード・オイルなどの巨大企業が誕生した。
第二次 M&A ブーム (1920年代)	水平型 M&A の規制強化が行われていたため，垂直型 M&A が中心であった。
第三次 M&A ブーム (1960～70年代)	多角化型 M&A が多くなった。
第四次 M&A ブーム (1980年代)	国際的な M&A や敵対的買収が増加した。「リストラクチャリング（事業の再構築）」の一環としての M&A が多かった。LBO などの新しい M&A 手法が一般化した。

(3)　提携・戦略的提携

　契約に基づいて一方の企業が他方の企業に一定の対価を支払い，相手企業の優れた技術やノウハウを利用するという，ある程度長期的な協力関係である。特に，自社の弱みを補完するために行われる。① 資源を得る側にとっては，他社の優れた技術・ノウハウを短期間で吸収し戦略できるというメリットがある。しかし，対価負担や相手方企業から制約を受ける場合もある。その一方，② 資源を与える側にとっては，一定の対価が得られ，他の事業での協力関係が期待できるなどのメリットがある。しかし，相手企業が競争相手になる危険もある。

①　アウトソーシング

　業務の外部委託（企業外部に経営資源を求めること）のことである。

②　クロス・ライセンシング（相互使用特許権）

　独自の特許権を保有する企業同士が相互に特許や技術を交換する許可を与えることである。他社の特許を利用するためにライセンス料を支払うことになる。異業種間のクロス・ライセンシングは成立しやすい。同業他社間のクロス・ライセンシングは，メリット・デメリットが複雑に絡み合うが，互いのライセンスが「爆弾効果」となり，企業間競争に均衡をもたらすことがある。

③　OEM（Original Equipment Manufacturing）

　相手先ブランド生産のこと（例：PC の CPU や液晶）。OEM メーカー（受託側）は製品を製造し，製品を提供された企業（委託側）は，自社のブランドをつけ

て提供された製品の販売を行う。受託側企業には，委託側企業の販売力やブランドを生かし製造量を増大させ，生産設備の稼働率を増加させることができるメリットがある（製造コストの抑制）。委託側企業には，製品開発コスト等を抑え，安価な商品を市場に提供することができるというメリットがある。

④　**SCM**（Supply Chain Management）

調達・製造・販売という生産の流れを供給の連鎖（サプライ・チェーン）と捉えて，その連鎖全体で情報を共有することなどにより最適な状態に管理する手法をいう。アメリカの経営学者ポーターの提唱した「価値連鎖」（バリューチェーン）を用いた経営手法である。SCM の目的は，必要なときに必要な量を供給することで過剰在庫を最少化することによりコスト削減を図ることにある。アメリカのウォルマート社は SCM 経営により成功をおさめた。

⑤　**産学連携**

大学と産業界との間で，人材面や研究活動面などを中心に行われる広汎な交流活動をいう。従来，日本では1960年代後半の大学紛争等の影響により，産学連携を癒着と捉える風潮が根強く，産学連携のシステムの構築に消極的であった。一方，アメリカでは政府の資金援助による発明に対し，研究を行った大学が所有権を得ることができることを明文化したバイ・ドール法（1980）の制定以後，大学から企業へのライセンシングが活発化し，アメリカの競争力回復の原動力となった。

わが国でも長期化する不況の中で，産学連携による競争力回復に対する期待が高まり1990年代半ば以降法整備が進んだ。具体的には1995年に民活法が改正され，産学の共同・受託研究，人材育成機能・交流機能等を内容とする施設（リサーチ・オン・キャンパス）の整備が補助金の対象になった。また，1998年には大学等技術移転促進法（TLO 法：Technology Licensing Organization 法）が制定され，1999年には国の資金による委託研究に関する知的財産権に関し，受託企業に100％帰属させる規定（日本版バイ・ドール法）が制定された。

⑥　**ジョイント・ベンチャー**（合弁企業）

複数の企業が共同で出資して合弁企業を設立し，その企業を通じて事業を遂

行する方法である。戦略的提携の一種と位置づけることもできる。合弁相手企業と協力して事業を進めていく過程で，互いの技術やノウハウを学ぶことができる。すなわち，事業に伴うリスクを他社と分担し，事業開始が容易になる。ただし，相手企業との協力関係が前提であり，主導権を握れるという保証はない。また，パートナー企業間に見られる経営思想・目的の相違や経営能力の差が一貫した経営を妨げるおそれもある。

3．競争優位性

蓄積・配分された経営資源を展開し，ライバル企業に対して競争優位の状態を構築する。後述するが，競争優位を維持することによって様々なメリットがもたらされる（例えば，リーダー企業によるフルライン戦略，145頁参照）。

4．組織間関係

外部組織との関係を決定する。構成要素の経営資源の展開とも関連している（122頁参照）。取引企業とのコストが大きい場合には①「垂直的統合戦略」や②「提携戦略」をとることになる。

図5-2　組織間関係戦略のイメージ

Ⅳ．経営戦略の階層別分類

経営戦略は，「企業戦略」「事業戦略」「機能戦略」に分けることができる。

企業戦略	…企業の製品・サービスと市場の組み合せによる「事業領域」の決定に関する「全社的戦略」である（ドメインを規定する戦略）。経営者が責任を負う。 例：新規事業の参入，既存事業からの撤退，M&A等
事業戦略	…多角化された企業では事業部ごとの戦略を持っている（ドメインを展開する戦略）。現実には事業部ごとに同業他社との競争になる。したがって「競争戦略」ともいう。事業部長が責任を負う。
機能戦略	…複数の事業部に渡って共通する「職能（機能）」を，いかに効果的に機能させるかを追求する戦略である。各職能責任者が責任を負う。 例：生産，営業，研究開発（R&D），人事，情報システム

図5−3　経営戦略の階層

第2節　企業戦略論

Ⅰ．アンゾフの成長ベクトル（製品―市場戦略）

アンゾフが『企業戦略論』で展開している主張の核心部分は，「企業が多角化の決定をいかに行うか」という問題である。すなわち，「いかなる事業（製品と市場）に進出し，環境に適応して自社の経営資源を合理的に配分するか」についての意思決定である。アンゾフは，① 販売する「製品」と，② ターゲットにする「市場」の2つの指標を用い，企業が成長するための「経営戦略」（方向性・ベクトル）を4つの選択肢に分類した（図5−4）。

	現在の製品	新しい製品
現在の市場	① 市場浸透戦略	③ 製品開発戦略
新しい市場	② 市場開発戦略	④ 多角化戦略

図5−4　製品＝市場マトリックス

（出所）　H. I. アンゾフ著，広田寿亮訳『企業戦略論』産業能率大学出版部，1969年，137頁。

1．市場浸透戦略

既存の製品を既存の市場で販売する際の戦略である。すなわち，現在の事業を前提に売上高や市場占有率（シェア）の拡大を追求する戦略である。例えば，広告宣伝などの販売促進活動を行う。

2．市場開発戦略

既存の製品を，新しい市場（地域・顧客）に販売し，売上拡大を図る戦略である。

3．製品開発戦略

新製品を，既存の市場に投入して売上拡大を図る戦略である。すなわち，現在の顧客を維持しながら，製品系列を拡大する戦略である。

● 1～3は現在の事業を基本にした上で，その拡大を図る戦略であることから「拡大戦略」と言われることもある。

4．多角化戦略

新製品を，新しい市場に投入して売上拡大を図る戦略である。リスクは大きいが，成功すれば経営の安定や企業成長が期待できる。

Ⅱ．多角化戦略を展開する理由

1．組織スラックの活用

企業は，経営活動を通じて絶えず組織スラック（余裕資源）を蓄積している。多角化戦略ではこれらを有効活用できる。

2．新しい事業分野の認識

企業を取り巻く外部環境の変化を受けて，それに対応する新しい事業分野を認識し，その事業分野に経営資源を投入する。

3．主力事業の需要の停滞

現在主力となっている事業の需要が停滞した場合には，新しい事業分野への進出を考慮することになる。

4．リスクの分散

複数の事業を営むことによって，ある特定の事業の業績が悪化しても，他の事業によってカバーすることが可能である（ポートフォリオ効果）。この効果を得るためには，事業間の製品や市場の関連性が低いことが前提となる（無関連多角化）。

5．シナジーの追求

複数の事業間での経営資源の共有・補完の「**シナジー**」（相乗効果）を得るためには，多角化による新事業の展開が有効である。「シナジー」を求める多角化は，既存事業と新規事業との間の資源展開において何らかの共通点がある（関連多角化）。

● シナジー（Synergy，相乗効果）

　　アンゾフが使用して広く経営戦略論で用いられるようになった概念である。シナジーとは，2つ以上の関連する要素を結びつけて，各要素の持つ力の総和以上の力を出す相乗効果のことをいう。「1＋1＝3」「2＋2＝5」のような効果である。

表5－3　シナジーの種類

シナジーの種類	内　容
販売シナジー	新製品・新規事業の進出にあたって，現在持っている販売チャネルやブランド・イメージを利用することでコスト削減を狙う。
生産シナジー	生産設備や技術ノウハウを共通に用いることで，製品単位あたりの固定費や変動費を抑えることができる。
マネジメント・シナジー	マネジメント・スキル，ノウハウ，総合的管理力を新規事業でも十分に応用する。

　シナジーには，プラスのシナジーだけでなく，マイナスのシナジーもある。これを「アナジー」（Anergy）という。最近は，シナジーを実現するのは現実的には難しく，同一企業内の異事業統合によるマイナス効果（例：意思決定の迅速性の欠如）が注目されている。これらのアナジーを回避するための一つの方法として，「ピュアカンパニー」が提示されている。

Ⅲ．企業戦略の体系

　企業戦略の典型的なモデルを見ておこう。

1．専業戦略

　一つの事業に企業の事業分野を特化する戦略である。「ピュアカンパニー」

が具体例である。

　例：総合電機メーカーから分離した半導体専業メーカー

2．水平統合戦略

　同種の製品分野・生産段階・流通段階に従事する企業を合併などによって統合する戦略である。

　例：富士フイルム……フィルム→簡易カメラ→デジタルカメラ→医療用内視鏡カメラ

3．垂直統合戦略

　一定の製品・市場分野において，異なる生産段階・流通段階に幅広く進出する戦略である。モノの流れに沿った方向で事業を拡大させていく戦略であり，自社にとって上流の事業を統合することを「川上統合」，下流の事業を統合することを「川下統合」という（図5－5）。

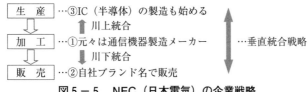

図5－5　NEC（日本電気）の企業戦略

(1)　メリット

①　取引コストの削減を図ることができる。

②　原材料等の供給の安定化が図られ，操業の安定化や在庫の軽減を実現することができる。

③　技術や情報が入手でき，それらを用いた魅力ある製品開発が可能となる。

④　企業内に，製品の付加価値を多く取り込むことができる。

(2)　デメリット

①　投下資本が大きくなり，経営の機動力が失われてしまう。特に，川上（製造部門）への統合は多くの資本を要する。

②　事業リスクの分散が少なく，経営の柔軟性が失われてしまう。一定の製

品が販売不振に陥れば，企業の業績自体が落ち込んでしまうが，その際に他の分野でカバーできない。

4．KFS（Key Facter for Success, 成功の鍵）

企業の競争力を高めるための「成功の鍵」となる垂直的統合の場合，短期的には不経済であっても，意思決定される。

例：ENEOS の石油採掘事業への進出

5．取引コストモデル（理論）

未知の取引先との取引には，納品される製品の品質や納期などに不安が生じるため，取引先の調査や契約の履行状況の管理等にコストを要する。これらのコストを「取引コスト」という。「取引コスト理論」はコース（Coase, R.），ウィリアムソン（Williamson, O. E.）によって体系化された。サイモンの影響を受けて「取引コスト経済学」を発展させたウィリアムソンによれば，「取引コスト」は，限定合理性，機会主義，不確実性などによって発生するという。「取引コストモデル」とは，市場での「取引」を基本的分析単位として，いかなる取引形態が選択されるかは，「取引」コストの節減化を基準にして意思決定されるとする分析枠組みである。

組織内部のコスト　＞　市場との取引コスト　★

★　組織内部のコスト　＜　市場との取引コスト

★……意思決定

「取引コストモデル」では「市場」か「内部組織」かの二分法を採用していたが，近年では，系列取引や提携などの，「市場」でも「内部組織」でもない第3の領域（中間組織）による取引が拡大している。

Ⅳ. 多角化戦略

表 5 - 4　アンゾフの多角化戦略の全体構造

製　品 市　場	新製品	
	技術関連性あり	技術関連性なし
新市場　既存市場の 同じタイプ	●水平的多角化（水平統合） ●垂直的多角化（垂直的統合）	
類似タイプ	●同心円的多角化（関連型多角化）	
新しいタイプ		●コングロマリット的多角化 （無関連型多角化）

　既に，「水平的多角化」と「垂直的多角化」については前頁で解説済みなので，ここでは，「同心円的多角化」（関連型多角化）と「コングロマリット的多角化」（無関連型多角化）について解説していく。

1. 同心円的多角化……「関連型多角化」

　既存の事業と何らかの関連性がある事業へ進出するタイプの多角化である。① 既存事業と生産技術面で関連をもつ「技術関連型多角化」と，② マーケティング面で関連をもつ「マーケティング関連型多角化」がある。

　(1)　メリット

　「範囲の経済性」（エコノミック・オブ・スコープ）が獲得できる。複数の事業を別々の企業で行うよりも，1 つの企業で同時に営んだ方がコスト上有利になる。事業や製品の「範囲」が拡大することで，製品単位あたりのコストが下がる「経済」効果のことをいう。「範囲の経済性」が得られる根拠は「シナジー効果」の発生にある。

　例①　本田技研工業はかつて二輪車販売から四輪車販売へと関連型の多角化
　　　を行った。

　例②　NKK（日本鋼管）と川崎製鉄は経営統合を行い，生産・販売シナジー
　　　を追求している（JFE ホールディングス）。

　例③　JAL（日本航空）と JAS（日本エアシステム）は経営統合を行い，販売
　　　シナジーを追求している。

(2) デメリット

企業全体の同時不振のリスクが大きくなる。また，シナジーを追求しすぎると，成長のダイナミズムが小さくなる可能性がある。

2．コングロマリット的多角化……「無関連型多角化」

既存の事業と全く関係のない事業へ進出するタイプの多角化である。収益性が高い企業・事業であればM&A等の対象になる。従来の日本企業ではほとんど見られなかったタイプの多角化戦略である。

(1) メリット

ビジネスリスクの分散が可能となる（戦術的柔軟性が得られる）。

(2) デメリット

既存事業と全く関連性がないため，シナジー効果が期待できず，新規事業を失敗するリスクが高くなる。

例① 楽天はプロサッカーチームやプロ野球球団を買収した。

例② ソニーは金融部門へ多角化した（ソニー生命・ソニー損保・ソニー銀行）。

表5-5　関連型と無関連型のまとめ

	関連型多角化	無関連型多角化
個々の事業で失敗する危険性	リスク小	リスク大
企業全体で同時不振に陥る危険性	リスク大	リスク小

3．リストラクチャリング……事業の再構築

企業の長期的なビジョンに基づいて，既存の事業を分析し，将来の不必要・不採算事業を整理統合し，必要な事業を内部開発または外部から調達することを意味する。すなわち，事業構造を組み替え，積極的に経営のあり方を変革させていくことをいう。日本企業における「リストラクチャリング」は，本来の

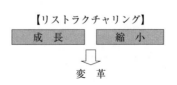

使用法と異なり，ネガティブに「人員削減」の意味で用いられることが多い。

4．コア・コンピタンス経営

　コア・コンピタンスは，プラハラード（Prahalad, C.K.）とハメル（Hamel, G.）が共著『コア・コンピタンス経営』（1994）において提示した概念であり，競争企業に対して明らかな優位性を持ち，容易には模倣されない企業独自の資源や技術を意味する。この「コア・コンピタンス」の概念を用いた「コア・コンピタンス経営」は，1990年代半ば以降，日本の経営者が積極的に導入を行っている経営戦略である。直訳すれば「中核となる競争力」であり，優位性を発揮できる事業領域を「選択」し，経営資源を「集中」投下して，他の事業から撤退するという行動原理として捉えられている。これを実践した経営者として著名なのが GE の CEO であったジャック・ウェルチである。ウェルチは CEO 就任当初，世界市場での2位以内の事業は残し，他の事業領域から撤退することを方針とし，GE（ゼネラル・エレクトリック社）に成長と成功をもたらした（ナンバー1かナンバー2の戦略）。このコンセプトが日本にも輸入され，「選択と集中」と訳された。しかし，ウェルチが GE で実践した「コア・コンピタンス」と日本企業の「選択と集中」はいくつかの相違点がある。

　① 日本企業の「選択と集中」は，そのほとんどが「本業回帰」になっている。自社事業の中で優位性の高い事業を選択すると，結果として本業になる。しかし，この本業が対外的に優位性をもっているかどうかは別問題である。② 日本企業の「選択と集中」が，事業の数を減らそうという目的をもっているという点である。つまり，不採算事業から撤退し，本業に集中するという「リストラクチャリング」と関連していることが指摘できる。

　確かに GE も，「リストラクチャリング」は行ったが，放送や金融などの新規事業分野に展開し，成功を収めている。すなわち，GE は事業領域数を絞り込んだわけではない。

5．CS（Customers Satisfaction：顧客満足）戦略

　想定された顧客を前提に，一定のコスト投下の範囲で機能を整備し，顧客満足を最大化しようとする経営戦略である。技術や機能を「企業の論理」ではな

く，「顧客の視点」から検討することで競争優位を目指そうというものである。

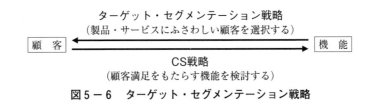

図5−6　ターゲット・セグメンテーション戦略

6．PPM（プロダクト・ポートフォリオ・マネジメント）

　アメリカのBCG（ボストン・コンサルティング・グループ）がGEの多様化しすぎた製品系列を整理するために開発した分析手法である。企業が営む複数事業間において経営資源をいかに配分すべきかに関する枠組みを示したものである。その判断は，「プロダクト・ポートフォリオ・マトリックス」によって行う。

(1)　PPMの前提となる2つの概念

　PPMには，「PLC（製品ライフサイクル仮説）」と「経験曲線」という2つの前提となる重要な概念が存在する。

① 「PLC（製品ライフサイクル仮説）」（図5−7）……PPMの縦軸を理解しよう。

　PLCとは，製品が市場に投入され，廃棄されるまでの生命周期である。すなわち，製品の「生産→廃棄」を，製品（プロダクト）の「一生（ライフサイクル）」

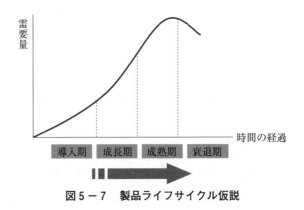

図5−7　製品ライフサイクル仮説

と見ているのである。

(ⅰ)　導入期……新製品が開発され，初めて市場に投入された時期である。

(ⅱ)　成長期……製品が消費者に認知され，市場に浸透してくる時期である。

(ⅲ)　成熟期……製品がある程度市場に浸透し，需要が一段落する時期である。

(ⅳ)　衰退期……製品の魅力が薄れ，需要が減少していく時期である。

(ア)　PLC のそれぞれの時期にあわせて経営戦略を変えていく必要がある。

(イ)　PPM の縦軸に「市場成長率」（事業の魅力度）として表されることになる（図 5 − 10）。

(ⅰ)　導入期………………………市場の成長率はまだ低い状態である。

(ⅱ)　成長期………………………市場の成長率は高い状態である。

(ⅲ)　成熟期・(ⅳ)　衰退期……市場の成長率は鈍化・横ばい状態である。

②　「経験曲線」（図 5 − 8）……PPM の横軸を理解しよう。

　経験曲線とは，製品の累積生産量が増加するに従い，製品 1 単位あたりの生産コストが一定の割合で減少するという生産量とコストの関係を示す経験則である。すなわち，管理経験の蓄積によって「習熟効果」が発生するのである。累積生産量が 2 倍になると単位コストは20〜30％低下する。

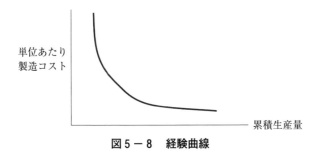

図 5 − 8　経験曲線

(ⅰ)　PPM の横軸に「市場占有率（マーケット・シェア）」として表される（図 5 − 10）。

「経験曲線」と「市場占有率」の関係は以下のようになる。

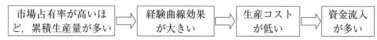

図5−9　市場占有率と経験曲線の関係

(ii)　日本企業はマーケット・シェアにこだわる傾向が強い。既に1970年代にはハーバード大学の「PIMS」（Profit Impact on Market Strategy）と呼ばれる研究プロジェクトによって，マーケット・シェアの高さが高収益につながることが証明されている。

表5−6　マーケット・シェアの例（2019年）

(%)

石油（国内）		スマートフォン（国内）		自動車（国内）	
ENEOS	47.0	アップル	46.2	トヨタ自動車	31.5
出光興産	16.0	シャープ	13.6	ホンダ	13.7
昭和シェル石油	14.0	サムスン	8.0	スズキ	13.3
コスモ石油	15.0	ジャパン・イーエム・ソリューションズ	7.8	ダイハツ	12.7
太陽石油	5.0	ソニー	7.4	日産	10.6

(2)　PPM の見方

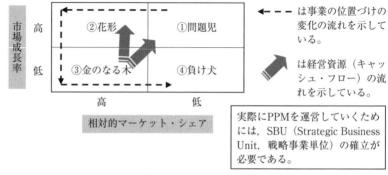

図5−10　PPM の見方

(出所)　B. D. ベンダーソン著，土岐坤訳『経営戦略の核心』ダイヤモンド社，1981年，236頁に加筆。

表5－7　マトリックスの見方

事業の位置づけ	PLC	市場占有率	とるべき経営戦略
問題児	成長期（初期）	低　い	「資金流入量＜資金流出量」。追加投資して「花形」を狙うか，あきらめるかの選択。
花　形	成長期（中・後期）	高　い	資金流入量も資金流出量も多い。「金のなる木」に育てるまで投資を続けなければならない。
金のなる木	成熟期	高　い	「資金流入量＞資金流出量」。獲得したキャッシュ・フローを花形や問題児に配分しなければならない。
負け犬	衰退期	低　い	資金流入量も資金流出量も少ない。これ以上の投資はせずに，徐々に撤退していく。

(3)　PPM のメリット・デメリット

①　メリット

(i)　「複数の事業・製品の総合管理」と「キャッシュ・フロー」のバランスのとれた組合せに，戦略的視点をもった理論を提供した。

(ii)　単に投資収益率（ROI）だけで経営戦略を決定するのではなく，収益性に問題のある「問題児」に対しても，将来的に「花形」「金のなる木」にするために投資するという戦略的観点からの行動を理論化した。

②　デメリット

(i)　PLC が曖昧である（マトリックスの縦軸△）。現実には，PLC は製品ごとに異なり，予測困難である。

(ii)　成熟事業の衰退をいたずらに早めてしまう可能性がある。

　　「金のなる木」……単なる収入源，「負け犬」……潜在的可能性の軽視。

(iii)　後の研究により，低シェアでも高収入が得られる場合があることが実証されている。

7．GE グリッド（GE ビジネス・スクリーン）

　PPM をより高度化したもので，GE がコンサルティング会社のマッキンゼー社と共同開発した。縦軸と横軸の指標が変わり，また，マトリックス（セル）が4つ（2×2）から9つ（3×3）に増えている（図5－11）。

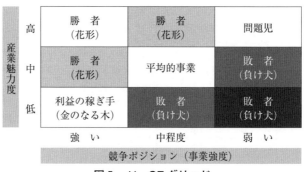

図 5 −11　GE グリッド

V. 競争戦略

1. 競争市場の規定要因（5 フォース分析）

　企業が他社に対して競争上の優位性を獲得するための戦略である。競争戦略に対して体系的な議論を行ったのは，ハーバード・ビジネススクールのポーター（Poter, M. E.）である（『競争優位の戦略』1985）。ポーターは，具体的な競争戦略の議論の前提として，特定の事業分野における競争状態を決定する要因を 5 つ挙げている（5 フォーシーズ，図 5 −12）。

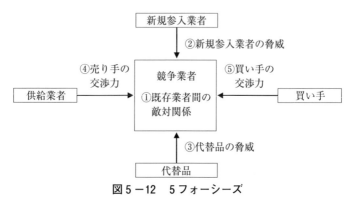

図 5 −12　5 フォーシーズ

（出所）　M. E. ポーター著，土岐坤・中辻萬治・服部照夫訳『競争の戦略』ダイヤモンド社，1982年，18頁を修正。

　5 つの競争要因の分析によって，自社の置かれている競争環境，つまり，「業

界内の企業がどの程度の収益を確保できるか」が明らかにされる。

① 既存業者間の敵対関係

競争業者の数は少ない方がよい。また，それ以上に重要なのは，「すみわけ」が可能かどうかである。同業者間において代替性が低いならば，「すみわけ」は可能となり，業界全体の収益性も高くなる。

例：ブランド品……代替性が低い……収益性高い。

　　家電製品………代替性が高い……収益性低い。

② 新規参入業者の脅威

業界への参入障壁が低ければ競争は激しくなる。新規参入業者の脅威が高ければ高いほど製品やサービスにプレミアムをつけにくくなり，業界の収益性は低くなる。なぜならば，高いプレミアムは新規参入の誘因となるからである。

例① 航空業界の規制緩和による参入障壁の低下→プレミアム低下

　　JAL，ANA　対　LCC 各社

例② 電力業界の規制緩和による参入障壁の低下→プレミアム低下

　　九州電力　対　日本製鉄（福岡市役所・九州大学等）

　　九州電力　対　三井物産（鹿児島県庁・三越等）

③ 代替品の脅威

他の業界に代替製品やサービスがあり，影響を受ける。

例：各航空会社　対　JR　対　高速バス各社

④ 売り手の交渉力

売り手から，いかに安く経営資源を購入できるか。売り手が強ければ，業界の収益性は低下する。

例：供給企業が特許権を取得している場合には，ライセンス料がかかる。

⑤ 買い手の交渉力

買い手に，いかに高く製品・サービスを提供できるか。買い手が弱ければ，業界の収益性は高くなる。

例：買い手が大規模量販店などの場合には買い手の交渉力は脅威となる。

● 5 つの要因分析によって，企業は自社の長所や短所を把握することができる。

その結果に基づき「競争戦略」を決定し，業界内での自社の地位を確保していく。

2．競争回避の戦略

5つの競争要因の一つに「新規参入企業への脅威」がある（図5−12を参照）。新規参入企業の脅威の大きさは，現在の参入障壁の程度や，既存競争業者からの反発の程度によって変わる。「競争回避の戦略」とは，業界の既存企業が利益の減少などを防ぐために，新たにその業界へ参入しようとする企業に対して参入障壁を築くことなどをいう。

(1) 参入障壁

参入障壁の具体例を以下にまとめる。

参入障壁	具体的内容
規模の経済性（スケール・メリット）	「規模の経済性」とは，事業規模が大きくなることによってもたらされる経済効果をいう。その要因は，①生産規模に比例するほどには必要労働量が増加しないこと，②操業度の向上により，生産物1単位あたりの固定費が減少すること，が挙げられる。規模の経済性が働く業界では，新規参入業者はコストダウンが必要となるため，当初より大量生産を行う必要が生じ，これが参入障壁となる。
経験曲線	コストダウンのために，累積生産量を確保しなければならない場合には，規模の経済性と同様に新規参入業者には不利となり，参入障壁となる。
製品の差別化	既存企業のプロモーション（販売促進）戦略により，その企業のブランドや製品が顧客に確固たる「ブランドロイヤリティ」（ブランドへの忠誠心）を形成させている場合に，新規参入業者はそれを上回る広告宣伝投資を行う必要があり，これが参入障壁になる。
巨額の投資	参入の際に，R&D（研究開発），設備投資などのリスクの高い巨額の投資が必要な場合は，これが参入障壁となる。
流通チャネル	既存企業による流通チャネルの確固たる統制が行われており，新規参入業者が参入に対し，多大なコストを要したり，新たなチャネルを設ける必要がある場合には，これが参入障壁となる。
独占的な製品技術	既存企業の持つ製品技術が，特許などにより独占状態にある場合には，規模とは無関係にコスト面で不利になり，これが参入障壁となる。
政府の政策	政府が，特定の業界に対して許認可制度などを通じて参入を制限している場合には，これが参入障壁となる。

図5−13　参入障壁

⑵　移動障壁

　業界内において，各企業が実行している競争戦略は多種多様であるが，戦略ディメンション（次元……製品，価格，流通チャネル，販売促進）の観点から，同一の戦略（あるいは類似の戦略）を選択している企業の集合があり，これを「戦略グループ」という（図5−14）。

① 　キーテクノロジーを「自社で開発」し，「高価格戦略」を採用している戦略グループ。

② 　キーテクノロジーを「自社で開発」し，「低価格戦略」を採用している戦略グループ。

③ 　キーテクノロジーを「外部から導入」し，「低価格戦略」を採用している戦略グループ。

　企業が戦略上のある特定のグループから別のグループへ移動するのを困難にする要因のことを「移動障壁」という。

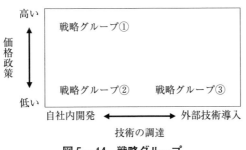

図5−14　戦略グループ

3．競争優位の戦略

　競争優位の戦略とは，競争相手に対して優位性を築くための戦略パターンのことである（表5−8）。ポーターは，競争戦略の3つの基本型として，①「差別化戦略」，②「コスト・リーダーシップ戦略」，③「焦点化戦略」を挙げた。ポーターは，3つの基本戦略を同時に追及することは困難であり，いずれか1つの戦略に絞るべきことを主張した（それぞれの戦略は，トレード・オフ＝二者択一の関係，である）。

表5－8　ポーターの3つの基本戦略

【戦略の優位性】

	顧客から特異性が認められる	低コスト地位
業界全体	①差別化	②コスト・リーダーシップ
特定セグメントのみ	③焦点化 （差別化焦点）	（低原価焦点）

【戦略ターゲット】

（出所）　M. E. ポーター著，土岐坤・中辻萬治・服部照夫訳『競争の戦略』ダイヤモンド社，1982年，61頁に加筆。

① 　差別化戦略

　価格以外の側面で自社製品の違いをアピールする戦略である。買い手が重要であると認める特性（例：ブランドイメージ，デザイン，アフターサービスの充実などの付加価値）を選び出して，そのニーズを満たすことで業界内の唯一の存在になれる。そうなれば，買い手はプレミアムを払ってくれ，高い収益を上げることができる。また，価格競争からも逃れることができる。ただし，その実現には，研究開発費や広告宣伝費など多くのコストを伴うため，次に説明するコスト・リーダーシップ戦略とは，トレード・オフ関係にある。なお，差別化できない，または，差別化しにくい製品を「コモディティ」（例：石油・農産物・日用品）という。

　【リスク】　競合企業の参入によって，「差別化」された優位性が喪失する可能性がある。

② 　コスト・リーダーシップ戦略

　製品原価の削減で他社をリードする戦略である。他社よりも低い原価を実現することで，価格競争で優位に立ったり，価格が固定的ならば高い利益率で他社よりも優位に立つことができる。低コスト製品を提供することによりシェアを高め，経験曲線効果（規模の経済性）を得ることにより，一層の低コスト化を図ることができる（例：トヨタ自動車の競争戦略）。

　【リスク】　競合企業との低価格競争が，利益を度外視したレベルで行われる可能性がある。

③ 焦点化戦略（集中化戦略）

市場を細分化（セグメンテーション）し，自社の能力にマッチした一部のセグメントに焦点をあて，その市場において差別化もしくはコストの面で，優位に立とうとする戦略である。細分化された市場に経営資源を集中させようとする戦略である。焦点戦略をとる企業を「ニッチャー」，その企業の製品を「ニッチ製品」という場合がある（ニッチ＝隙間）。

【リスク】 選択した市場が，一定以上の規模をもたない場合には，事業が成立しない場合がある。

4．ポーターのその他の主張点

⑴ 価値連鎖（バリューチェーン，図5−15）

企業の競争力の源泉を分析するための考え方である。企業は，生産要素をインプットし，それに付加価値をつけてアウトプットするが，その際，その企業が最終的な付加価値にどのように影響を与えているのかを分析するための考え方である。企業の競争力は，「購買物流→製造→出荷物流→販売・マーケティング→サービス」という「主活動」と，「調達＋技術開発＋人事・労務管理＋企業全般管理」という「支援活動」を最適に組み合わせることによって，生み出されると指摘した。

図5−15 バリューチェーン

（出所） M. E. ポーター著，土岐坤・中辻萬治・小野寺武夫訳『競争優位の戦略』ダイヤモンド社，1985年，49頁を修正。

⑵ 「ベスト・プラクティス」と「生産性フロンティア」

「ベスト・プラクティス」とは，産業全体において，最高の効率を上げているプラクティス（経営手法）のことを意味する。他企業の「ベスト・プラクティ

ス」を模倣することにより，高い生産性を上げることができる。また，「生産性フロンティア」とは，特定の時点における「ベスト・プラクティス」の集合をいう。

●関連概念……ベンチ・マーキング

1989年にキャンプ（Camp, R. C.）が提唱した経営手法。企業の業務内容の目標となる水準を具体的に設定することをいう。具体的には，企業内の業務の非効率な部分を改善するために，他社のベスト・プラクティスと比較して分析を行う手法をいう。1980年代にGEのジャック・ウェルチは，日米欧の効率的な生産を行う製造業を訪問し，各社の取り組みを「分析」し，自社へ「取り込み」，成功をおさめた。

(3) クラスター

特定分野の企業が，ある国や地域に地理的に集合している状態のことをいう（例：シリコンバレー）。

5 .「競争戦略」と「PLC」

「競争戦略」を「PLC（製品ライフサイクル）」に対応させて展開すれば以下のようになる（図5 -16）。

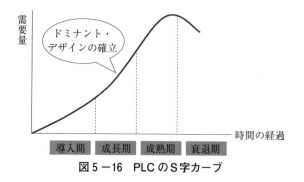

図5 -16　PLCのS字カーブ

(1) 導入期→差別化戦略

顧客のニーズを模索しつつ，差別化された製品コンセプトや機能で競争する。

(2)　成長期→コスト・リーダーシップ戦略

　製品の標準規格（ドミナント・デザイン）が確立する。製品が標準化されると，次に顧客の関心が価格に向かうため，企業内部の生産性向上が課題となる。

(3)　成熟期→差別化戦略に回帰

　市場が飽和し，顧客のニーズが多様化する時期である。頻繁なモデルチェンジによる新機能の追加や積極的な販売促進活動等によってユーザーの購買意欲を喚起することが必要である。

❖ 用語解説：ドミナント・デザイン関連

① デファクト・スタンダード

　市場における競争に勝利し，「実質的な標準規格」となった規格をいう（例：VTRにおける VHS 方式，PC の基本ソフトにおける Windows）。

② デジュール・スタンダード

　公的機関が設定した，「公的な標準規格」をいう（例：日本産業規格の JIS や国際標準化機構の ISO）。また，世界的に見て標準規格になっているものを「グローバル・スタンダード」という。

6．フルライン戦略

　企業が競争優位を獲得する方法の一つに「フルライン化」がある。「フルライン化」による幅広い商品・製品のラインナップにより，より多くの顧客のニーズを満足させることができる。「フルライン化」には以下のようなメリットがある。

(1)　差別化効果

　市場の多様なニーズに応えることができ，市場における顧客の多くを獲得できる。

(2)　コスト削減効果

　部品等を製品間で共通利用できれば，大量生産・大量購入によるコスト削減が可能となる。

7．競争地位別戦略

　企業は，市場において常に競合企業と顧客獲得を争っている。コトラー（Kotler, P.）は，その市場競争に参入している企業を市場占有率（マーケット・シェア）に基づいて4類型化した（表5－9）。

表5－9

類　型	内　容	保有する経営資源の質と量	市場での目標	ターゲット市場	とるべき戦略内容
リーダー（例：トヨタ，パナソニック，NTTドコモ，ソフトバンク，セブン-イレブン）	市場占有率がトップの企業	質：高　い 量：多　い	・最大市場占有率 ・最大利潤 ・最大のイメージ・名声 ・トップの維持	フルカバレッジ（すべての顧客）	・製品：フルライン戦略 ・価格：低価格戦略（規模の経済） ・販売チャネル：開放的
チャレンジャー（例：ソニー，日産,ホンダ，KDDI, 楽天，ローソン）	リーダーに果敢に挑戦し，市場占有率拡大を狙う企業	質：低　い 量：多　い	・市場占有率の拡大 ・リーダーの地位の奪取	セミフルカバレッジ	・リーダー企業との差別化（特にブレイク・スルー的な革新が求められる）
フォロワー（例：三菱電機,シャープ，マツダ，スバル，デイリーヤマザキ）	リーダーに挑戦せず現状を維持し，あえてリスクを冒さない企業	質：低　い 量：少ない	・シェアよりも利益を重視する。 ・セグメント化された市場へ経営資源を集中させる。	経済性セグメント（中～低価格志向）	・リーダーに追随することが多い。 ・低価格化戦略
ニッチャー（大塚製薬,スズキ，ダイハツ，ポプラ，各種ベンチャー企業）	採算性の視点からリーダーが取り扱っていない，または,気がついていない分野に経営資源を集中させる	質：高　い 量：少ない	特定市場における利潤，イメージ，名声	特定市場セグメント	・焦点化戦略 ・ミニ・リーダー戦略（特定市場におけるリーダー） ・先発者優位

Ⅵ. その他の経営戦略

1. SWOT 分析

　企業内部の「強み（Strength）」と「弱み（Weakness）」，企業を取り巻く環境における「機会（Opportunity）」と「脅威（Threat）」を記述することにより，経営戦略の構築と評価を行う基本的な分析フレームワーク（枠組み）である。SWOT 分析は，多くの企業で活用されている伝統的な経営戦略であるため，共通の分析フレームとして機能しやすい。

表5－10　SWOT チャート

		自社の能力	
		強み（Strength）	**弱み**（Weakness）
環境分析	**機　会** （Opportunity）	強みを活かし， 機会を捉える戦略	弱みを克服し， 機会を捉える戦略
	脅　威 （Threat）	強みを活かし， 脅威に対抗する戦略	弱みを克服し，脅威に対応する戦略 撤退戦略

2.「SCP モデル」と「資源ベースモデル」

　競争優位を考察する立場は，大きく「SCP モデル」と「資源ベースモデル」に分類することができる。

(1)　SCP モデル

　SCP モデルは，企業の業績が，その企業の置かれた産業の構造や魅力度から生じるため，魅力的な産業を発見し，自社をその産業の中で位置づけることが最も重要な経営戦略であると指摘するビジネスモデルである。SCP モデルは，産業構造は企業の行動を制約し，その結果として産業の収益性，ひいては個別企業の利益率に影響を与えるという前提に立つ。

　このモデルで最重要視される経営戦略は，魅力的な環境（産業構造）を発見し，自社をその環境（産業）に位置づけることである。魅力的な産業構造とし

ては，競争の少ない産業や規制によって保護されている産業を挙げることがで
きる。これらの魅力的な産業に属すれば，おのずから高い収益性が確保される。
したがって，個別企業の分析よりも産業構造分析に力点が置かれることになる。
まず，魅力的な産業構造の発見が行われ，その後に事業展開に必要な経営資源
が整備されていくことになる。SCP モデルの代表例が，ポーターの「5 フォー
ス分析（5 フォーシーズ）」である（図5 - 12参照）。

(2) **資源ベースモデル**（Resource Based View, リソース・ベースド・ビュー）

企業の業績は，企業内部における経営資源とその有効活用によって生じるた
め，重要な経営資源をいかに構築し，他社の模倣から保護するかが最も重要な
経営戦略であると考えるビジネスモデルである。RBV の前提は，① 経営資源
は企業によって異質であり，② 経営資源の中には模倣が困難なもの，もしくは
模倣するのに多額の費用がかかるものがある，という点である。これらの異質
性・模倣困難性を持った経営資源こそが「競争優位」の源泉であると考えてい
る。従来の SCP モデルは，産業構造や産業の選択こそが重要であり，各企業の
内部資源は重視してこなかったが，これに対し RBV は，企業の内部資源の活
用に焦点を与えるものである（SCP ⇔ RBV）。

すなわち，たとえ魅力度の低い産業であっても，希少価値のある経営資源を
持っている企業は，持続的競争優位を確立できる。実際に，ウォルマート・ス
トアーズ（売上高世界1位のアメリカの小売企業）の「ローコスト・オペレーショ
ン」やデル・コンピュータの「バリューチェーン」は持続的競争優位の源泉と
なっている。

RBV の代表的な研究成果を以下に紹介する。

① ペンローズ（Penrose, E. T.）の内部成長の理論

企業は経営資源の集合体であり，企業の成長は企業内の「未使用の資源の活
用」によってなされると主張した。

② ワーナーフェルト（Wernerfelt, B.）の資源獲得障壁

ペンローズの主張を基に，自社の資源のポジションを構築し，他社の模倣か
ら防衛することが重要であることを指摘した。

③ バーニー（Barney, J. B.）の持続的競争優位

価値，稀少性，模倣困難性，非代替性の4つを持った資源が持続的競争優位をもたらすことを主張した。

3．リスク・マネジメント

企業経営は多様なリスクに遭遇する。具体的には，①経営リスク（企業機密の漏洩，製造物責任等），②災害リスク（地震，火災，風水害等），③カントリーリスク（戦争，内乱，為替変動等）などがある。これらのリスクの予防に努め，リスク発生時にはその被害を最小限に止めるような経営を行う必要がある。これを「リスク・マネジメント」という。

「リスク・マネジメント」を行うにあたっては，①「リスクの事前認識」，②「リスクの評価と施策づくり」，③「リスク発見を容易にする透明な経営管理の仕組み」の3点が特に重要である。

4．ビジョナリーカンパニー

先見性を持った未来志向型企業のことであり，商品のライフサイクルや経営者の世代交代を経ても繁栄し続ける仕組を内在させた卓越した企業のことをいう。コリンズ（Collins, J. C.）とポラス（Porras, J. I.）は，以下の6つの要件を満たす企業を「ビジョナリーカンパニー」と定義した。

> ①業界で卓越した企業であること。
> ②見識ある経営者や企業幹部達の間で広く尊敬されていること。
> ③社会に消えることのない足跡を残していること。
> ④CEOが世代交代していること。
> ⑤当初の主力製品やサービスのライフサイクルを超えて繁栄していること。
> ⑥1950年以前に設立されていること。

この企業を目指すためには，「基本理念をしっかりさせ，進歩を促す仕組みをつくること」が必要である。すなわち，市場の変化に対して経営戦略は柔軟に変えていくが，基本理念は維持する，という考え方である。具体例として，P&G，IBM，モトローラ，ソニー，ウォルマート，ヒューレット・パッカード等が挙げられている。

5．バランス・スコア・カード（BSC）

企業業績を定量的な財務業績のみでなく，多面的に評価し，それらをバランスよくマネジメントしようとする経営管理手法のことである。1990年代初頭に，ハーバード大学ビジネススクールのキャプラン（Kaplan, R. S.）と経営コンサルタントのノートン（Norton, D. P.）によって開発された。企業業績を，①財務業績に加えて，②顧客，③内部プロセス，④従業員のスキル・学習，の4つの視点で幅広く定義し，それらのバランスを保ちながら，企業の財務業績を「中長期的」に実現するものである。BSCは90年代にアメリカ，ヨーロッパ，アジアの主要企業へと浸透し，99年頃，日本でも導入企業が相次いだ（例：リコー，宝酒造，伊藤ハム，関西電力）。

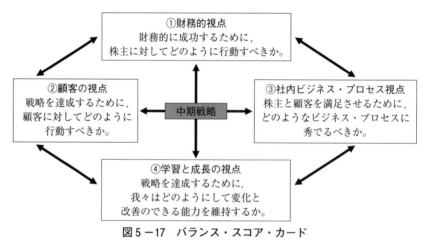

図5−17　バランス・スコア・カード

（出所）　R. S. キャプラン・D. P. ノートン著，櫻井通晴訳『戦略バランス・スコアカード』東洋経済新報社，2001年。

Ⅶ．組織間関係戦略

競争企業と協調関係を構築することで，競争企業の行動の不確実性を減少させることができる。また，外部の組織を自社のコントロールの下に置くことで，協働的分業を行い，経済的効率性を高めることができる（例：OEM）。

1．協調関係と業界標準

競争企業同士が，製品の業界標準（デファクト・スタンダード）をめぐって，「企業連合」（アライアンス）を形成し，①ユーザーの利便性を確保したり，②社会的資源のロスを回避したりすることがある。

例①　VTR戦争

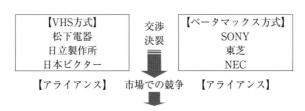

VHSがドミナント・デザインとして，デファクト・スタンダードになった。

例②　次世代型DVD戦争

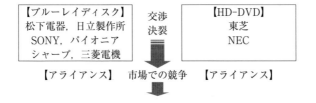

ブルーレイディスクがドミナント・デザインとして，デファクト・スタンダードになった。

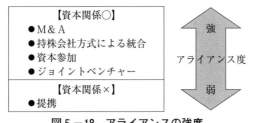

図5－18　アライアンスの強度

2．協働関係

「協調関係」より，より密接な関係を持つのが「協働関係」である。

(1) 系列関係……タテの関係

企業同士の長期取引が固定化し，相互の依存関係が深くなり，一種の共同体のような関係となる。大企業と中小企業（下請企業）による「タテ」の取引関係が典型例である。

(2) 企業集団……ヨコの関係

メインバンクを中心とした企業集団である。近年，企業グループ再編が著しい。従来の企業集団は，ほぼ解体した（図5－19）。

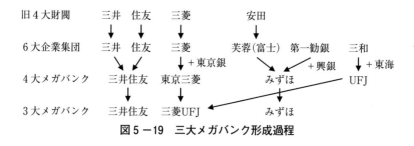

図5－19　三大メガバンク形成過程

Ⅷ. イノベーション（革新）論

企業に利益をもたらす「革新」を「イノベーション」という。企業は，従来の製品や製造過程，経営手法などを大胆に改革することによって競争優位を構築することができる。

1. シュンペーターのイノベーション論

シュンペーター（Schumpeter, J. A.）は，「革新」とは，経営資源の「新結合」のことであり，イノベーションの担い手こそが企業家である（個人ではなく組織），と指摘した。企業の「成長」には，「革新」が不可欠であるが，それらは発明と同様に偶発的に起こるものである。したがって，そのメカニズムについては未だ解明されていない。ただし，「企業家精神」や「企業文化」が影響していることが指摘されている。

2．イノベーションの分類方法

(1)　プロダクト（製品）・イノベーション

　全く新しい製品を開発し，市場に投入する技術革新である（例：新製品の開発）。

(2)　プロセス（工程）・イノベーション

　既存の工程や技術を改良する技術革新である（例：トヨタ生産方式）。

(3)　ラディカル（根本的）・イノベーション

　根本的な技術革新のことである。プロダクト・イノベーションは，多くの場合，ラディカル・イノベーションである。

(4)　インクリメンタル（漸進的）・イノベーション

　漸進的な技術革新のことである。プロセス・イノベーションは，多くの場合，インクリメンタル・イノベーションである。

(5)　アバナシーの「生産性ジレンマモデル」

　アバナシー（Abernathy, W. J.）は，「PLC」と「イノベーション」との関係について「生産性のジレンマ」という概念を提唱した（図5－16）。

　①　導入期：差別化戦略が中心であり，多くの「プロダクト・イノベーション」が発生する。

　②　成長期：ドミナント・デザインが確立し，コスト・リーダーシップ戦略が中心となる。この時期には，コスト削減を目指して，多くの「プロセス・イノベーション」が発生する。

　③　成熟期：製品に関する大きなイノベーションは減少し，「インクリメンタル・イノベーション」しか発生しなくなる。

　アバナシーは，成長期から成熟期に入ると企業の生産性は向上するが，そのためかえって大きな技術革新は生じなくなることを「生産性のジレンマ」と呼んだ。

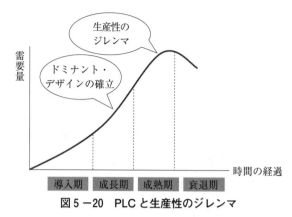

図5−20　PLCと生産性のジレンマ

（出所）　W. J. アバナシー著，日本興業銀行産業調査部訳『インダ
　　　　ストリアル・ルネサンス：脱成熟化時代へ』阪急コミュニ
　　　　ケーションズ，1984年

第6章　経営組織論

●単元の目標●

　第3章の経営学説史において，既に経営組織論の歴史的な展開を説明しました。テイラーの科学的管理法やファヨールの管理過程論に見られる公式（フォーマル）組織中心の古典的組織論，ホーソン工場実験後の人間関係論に見られる非公式（インフォーマル）組織を強調した新古典的組織論，そして，バーナード以降の近代組織論を思い出しましょう。それらを踏まえた上で，経営組織が，各部門や職能のマネジメントを効率的かつ効果的に行うことを目的として多様に設計されている点を理解し，経営組織の各形態と編成の背景，各組織が準拠している組織原則について発展的に学びを深めましょう。

第1節　組織の定義

I．バーナードの定義

　組織とは，2人以上の人々の，意識的に調整された諸活動および諸力の体系である。組織が成立するためには，① 複数の人々によって達成される目的（共通目的），② その目的の告知と人々の活動の調整（伝達），③ 組織で活動しようとする人々の意欲（貢献意欲），が必要である。個人が組織を形成していく（organizing）。これを「組織過程」という。

個人活動の相互作用　　　組織の形成

図6－1　組織過程

Ⅱ．シャイン（Schein, E. H.）の定義

　組織とは，何らかの共通の明確な目的または目標を，労働・職能の分化を通じて，また権限と責任の階層を通じて達成するために，人々の活動を計画的に調整することである。作られた組織が個人行動を規制する（organized）。これを「組織構造」という。

個人活動の相互作用　　　秩序づけ

図6－2　　組織構造

第2節　命令系統による組織分類

Ⅰ．ライン組織

　ラインは，直列を意味する。ライン組織は，組織本来の目的を担当して活動するものであり，組織における実施部門である。

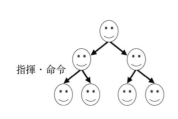

指揮・命令

① 　具体例…軍隊組織が起源である。
② 　メリット…「命令の一元性」が確保される。
③ 　デメリット
（ⅰ）　縦割り組織のため柔軟性に欠ける。
（ⅱ）　部下の数が多くなりすぎると適切な管理が困難となる。
（ⅲ）　下位者に与えられる権限が小さいため，やる気や創意性をなくす。
④ 　「上位者（管理者）＜下位者の数」となるため，ライン組織は規模の拡大と共に「ピラミッド型」組織となる。

図6－3　　ライン組織

Ⅱ．ファンクショナル組織（機能式組織）

テイラーの「職能別職長制」の応用形態である（50頁参照）。

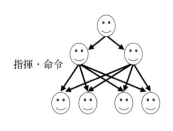

指揮・命令

① メリット…専門的管理者による「**専門化の原則**」が生かされる。
② デメリット
 (i) 複数上司の命令によって「**命令の一元性**」が確保できなくなるおそれがある。
 (ii) 各部門間でコンフリクト（摩擦）が発生するおそれがある。したがって，組織管理者には全体的視野を持つことが要求される。
③ 機能式組織を改良した直系機能式組織（下位職能にライン組織を，上位職能に機能式組織を組み合わせた組織）が考案されたが，うまく機能しなかった。

図6－4　ファンクショナル組織

Ⅲ．ライン・アンド・スタッフ組織

　スタッフは，ラインの補佐機関である。その起源はドイツ（プロイセン）陸軍参謀本部にあり，経営や行政の世界に広まっていった組織である。現代の企業の多くがこの組織構造を持っている。ラインが日常業務の処理に追われがちになるのに対し，スタッフはより広い視野に立って，新しい経営戦略の提言や経営組織の改編を提言できる。その一方，スタッフの創造的・改変的機能は既得権益の剥奪をおそれるラインの反発を招きやすい。あくまで，組織の基礎となるのは「ライン組織」である。

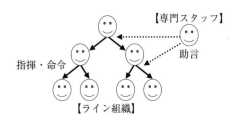

指揮・命令

【専門スタッフ】

助言

【ライン組織】

① メリット
　「**命令の一元性**」と「**専門化の原則**」を同時に確保できる。
② デメリット
　しばしば、スタッフ職員とライン管理者が対立する。

図6－5　ライン・アント・スタッフ組織

Ⅳ．マトリックス組織

　マトリックス組織とは，製品別と職能別あるいは製品別と地域別というように，縦と横の二元的な命令系統を同時的に採用した組織である（マトリックス＝行列）。歴史的には，1960年代にアメリカの航空宇宙産業で最初に採用されたとされる。

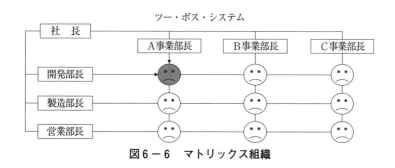

図6－6　マトリックス組織

1．メリット

(1)　**経営資源の効率的使用**

①　事業部間で重複した事業を行わない。

②　一人が2系統の仕事を行うため，人的資源を有効活用することができる。

(2)　一人に多方向から情報が流れ込んでくるため，経営環境に迅速に対応することができる。

(3)　後述するプロジェクト・チーム制（臨時的横断的組織）と異なり，恒常的横断的組織である（組織間の横の調整○）。

2．デメリット

　中間管理者以下の層が2つの部門に属して2方向からの命令を同時に受けることになる（ツー・ボス・システムとよばれる）ため，指揮命令権が混乱し，権力闘争が起こりやすい。また，複数の意思決定の必要性から意思決定が遅れやすい。

Ⅴ．グローバル・マトリックス組織

　多国籍企業（複数国に立地する子会社を通じて地球規模で利潤を追求する企業）が採用したが，うまく機能しなかった。マトリックス組織の国際企業版である。

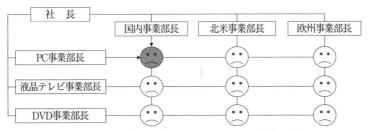

図6-7　グローバル・マトリックス組織の図

　形式的なマトリックス構造へのあてはめにより，環境に対する柔軟性を失うことになり，特に地域ごとの経営環境の変化に適応することができなくなった。

第3節　部門別による組織分類

Ⅰ．プロジェクト・チーム

　特定のプロジェクトを解決するために各部門からメンバーを集めて組織される臨時的横断的職場組織である（別名：タスクフォース）。

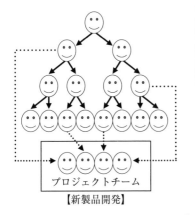

①　メリット
　(ⅰ)　既存組織のルールに捉われない柔軟性が期待できる（柔らかい組織）。
　(ⅱ)　チーム編成の目的・課題が明確であり，メンバーが主体的参加意識を持っている。
　(ⅲ)　多様な経営の試みを行うことができる。
　(ⅳ)　大幅な組織改編がないため，元の形態に戻しやすい。
②　デメリット
　(ⅰ)　臨時・時限的な組織であるため，活動に限界がある。
　(ⅱ)　「命令の一元性」「階統制」の原則を完全に放棄する。

図6-8　プロジェクト・チームの図

Ⅱ．事業部制組織

　事業部制組織とは，製品別・地域別・顧客別などの「部門化の基準」を採用し，独自の利益責任を持つ事業部を設け，各事業部に対して分権化を行い，それぞれの部門（事業部）の内部を職能別に部門化して自己充足的な活動単位とした組織である（独立採算制）。1920年にアメリカのデュポン社がはじめて採用したことで知られている。各事業部は，トップマネジメントに対し利益責任を負う利益責任単位（プロフィットセンター，インベストメントセンター）となっている。事業部が利益責任を果たすためには，各事業部長に対して担当事業に関する大幅な権限の委譲がなされることが必要となるため，事業部制組織は一般的に分権的組織になる。

　経営多角化などにより企業の取り扱う製品の種類が増えると，職能別組織を採用している場合，部門間の調整が著しく難しくなる。それと相まって，調整を行う経営トップの負担も重くなってしまう。これに対し，事業部制組織を採用すると，調整の困難さを減らせるとともにトップが日常業務の問題から解放され，全社的な意思決定に専念できるようになる。そのため，複数の製品事業を営む企業は，一般に事業部制組織を採用することが多い。

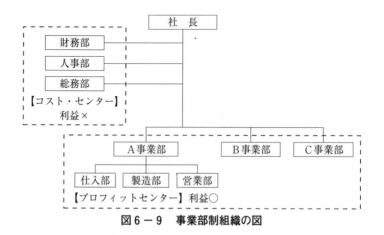

図6－9　事業部制組織の図

1．メリット

(1) 決定権限を持つ者と現場情報との距離が短くなり，環境の変化に柔軟か
つ迅速かつ適切な判断が可能になる。

(2) トップマネジメントの負担が軽減され，全社的意思決定に専念できる。

(3) 事業部ごとの業績評価が明確である。

(4) 事業部が独立性を持つために社員の自由度は高まり，モチベーションが
向上する。

(5) 事業部長が包括的な権限を与えられることで，次世代の経営者としての
手腕を磨くことができる。

2．デメリット

(1) 各事業部に同じような部門・職能が設けられ，経営資源の二重投下が起
こる可能性がある。

(2) 各事業部の独立性が強いため，全社的な統一性を欠くおそれがある。す
なわち，セクショナリズムが生じやすい。また，事業部間をまたぐような
総合的な製品や新しい技術への対応が難しくなる。

(3) 各事業部が近視眼的に意思決定する傾向がある（目先の利益を重視する）。

(4) 規模の経済性の効用が減る。

表6－1　職能別組織と事業部制組織の比較

職能別組織	長所・短所	事業部制組織
○	経営資源の共通利用	×
○	規模の経済性	×
×	迅速，柔軟な対応	○
×	モチベーション，経営者育成	○
×	業績評価	○

Ⅲ．SBU（Strategic Business Unit）……戦略事業単位

経営環境の変化により，事業部間にまたがった新しい戦略的に重要な事業な
どが生じ，それが長期的な企業の成長・存続に重大な影響を与えるときがある。

こうした戦略的に重要な事業を担当する組織単位をSBUという。事業部制組織は短期的な日常業務の効率的遂行を主目的として編成されており，また，各事業部の独立性が高いため，SBUの遂行には向いていない。戦略的計画が事業部間にまたがるときは，経営者等の下にSBUが設けられ，経営者の指導の下で，その新しい事業に関する戦略的計画の樹立と各部門の戦略的調整を行うことが多い。アメリカのGE社がはじめて採用したことで知られる。

Ⅳ. 事業本部制組織

　事業本部制組織とは，複数の比較的関連性の高い事業部を統括するために設置される組織形態である。事業部制組織の修正型の組織形態であり，日本の企業では比較的よく導入される組織形態である。

　一つの事業を関連する分野に多角化していった場合，事業部の規模が拡大するため一つの事業部を複数の事業部に分割することがある。この場合，元来一つの事業部であった複数の関連する事業部は，顧客や技術などに関して共有する部分が大きくなる。また，複数の関連する事業部において発生する研究開発などが，どの事業部の利益責任の下で管理されるべきかなど問題が生じる。こうした問題点を解決するために導入されるのが事業本部制組織である。

　事業本部では関連性の深い複数の事業部を統括し，それらの事業部にまたがって発生する研究開発などを管理する。事業本部では単なる収益性だけでなく事業本部全体の観点から下部にある事業部間の調整を行う。

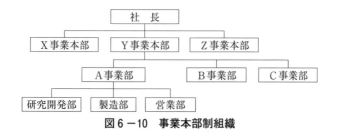

図6−10　事業本部制組織

第4節　その他の組織構造

Ⅰ．カンパニー制

　事業部よりもさらに独立性や自律性を高めた組織を本社の下に配置する組織形態をいう。カンパニー制は法律上の概念ではないため実際の利用形態は様々であるが，以下のような特徴がある。

　(1)　カンパニー制ではその長は，事業部制における事業部長よりも幅広い権限を委譲されることが一般的である。

　(2)　カンパニーごとに厳格に資金や資産を割り当て，利益責任だけでなく資産の管理に関しても責任を負わせる。

　カンパニー制は，日本ではソニーが1994年にはじめて導入（結局失敗）し，その後様々な企業で導入されている。ソニーでは従来採用していた事業本部制が細分化されすぎて，市場の変化に対応しきれないという問題が発生していたため，1994年の組織改変で市場別に8つのカンパニーに再編した。各カンパニーでは内部の擬似的な資本金が割り当てられ，カンパニーの長たるプレジデントの決裁権限は5億円（事業本部制当時）から10億円に拡大した。

表6－2　カンパニー制の特質の比較

	組織形態	利益目標	資本金	株主への配当	利益の内部留保
事業部制	内部組織	経常利益	配賦しない	実施しない	留保なし
カンパニー制	内部組織	純利益	配賦する	実施する	留保あり
持株会社	別法人	純利益	持株会社の出資	実施する	留保あり

Ⅱ．ネットワーク組織

　複数の独立した企業が緩やかな形で結合した組織形態をいう。ネットワーク組織では，各企業は自立した対等的な関係を構築しつつ，目的に応じてネットワーク構成企業が柔軟に結びつき，目的を達成する。従来の企業系列や子会社関係に見られるような垂直的な企業間関係と対照的な組織の結合関係である。

第5節　組織設計の理論

Ⅰ. 古典的組織論（伝統的組織論）

状況に関わらず，組織には唯一最善の形態があると考える立場である（One Best Way）。

例えば，ファヨールの管理過程（Plan → Do → See）があった（54頁参照）。

Ⅱ. チャンドラーの命題

状況によって適合する組織は異なると考える立場である（No One Best Way）。

チャンドラー（Chandler, Jr. A. D.）は,その著書『経営戦略と組織』（1962）において，企業によって成長の仕方は異なり，それぞれの成長の仕方に応じて組織構造が設計されることを明らかにし，「**組織は戦略に従う**」という命題を提唱した。これは「**チャンドラー命題**」と呼ばれている。

図6−11　チャンドラー命題

チャンドラー命題では，企業を取り巻く環境（諸条件）が，それに適した企業の戦略を決定し，企業の戦略が決まると，それに適した組織構造が決定されると考えられる。したがって「組織（構造）は戦略に従って決定」される。

具体的には次のようになる。

1. 企業の量的拡大は，一つの地域で単一職能を担当する管理部門を新たに必要とし，さらに企業が地域的に分散すれば，各地方に散在する多くの工場や営業所を管理するための部門が必要となる。

2. 企業が新職能分野へ進出すれば，組織構造は複数の職能ごとの部門から構成される「職能別組織」となる。

3. さらに企業が大規模化し，製品多角化を採用したり，全国的あるいは国際的な規模拡大をめざす場合には，「事業部制組織」が選択される。

チャンドラーは経営史の研究者であり，経営戦略と組織構造との関係についてのこの命題を，デュポン，GM，スタンダード・オイル，シアーズ・ローバックという4社の組織改革の歴史の比較分析を通して示した。つまり，経営戦略の違いによって，必要とされる組織構造が違ってくるということを示した。さらにチャンドラーは，これらの企業以外にも，⑴事業部制を採用していない産業（鉄鋼，非鉄金属など），⑵一部採用している産業（ゴム・石油など），⑶広く採用している産業（電機，自動車，化学など）についての研究を進め，戦略が組織構造を規定するという命題の一般化を試みた。

Ⅲ．コンティンジェンシー理論

Ⅱ．と同じく，状況によって適合する組織は異なると考える立場である（No One Best Way）。

環境が異なれば有効な組織形態も異なるとし，企業が直面している環境に適合的な組織構造の選択の必要性を主張する立場である。このようなコンティンジェンシー理論は，1960年代頃から主張され始めた。代表的な研究者として，バーンズ，ストーカー，ウッドワード，ローレンスらがいる。

1．バーンズ＆ストーカーの研究

バーンズ（Burns, T.）とストーカー（Stalker, G. M.）は，1950-60年代に，イギリスのエレクトロニクス企業20社の分析を行い，組織には「有機的組織」と「機械的組織」の2つのタイプがあることを発見した。

- ●有機的組織は，権限が十分委譲され，コミュニケーションが大幅に用いられている流動的で柔軟性の高い組織であり，「不安定」で変化の激しい企業環境において適合的である。

- ●機械的組織は，伝統的組織原則が想定しているような文書コミュニケーションが用いられ，ラインとスタッフが明確に区別される官僚制組織であり，「安定」した企業環境下では有効である。

表6－3　有機的組織と機械的組織の特徴

有機的組織	機械的組織
① 各自の専門的知識や経験が，組織の共通の仕事に貢献できるような組織。 ② 組織の全体的な状況から，各人の仕事が現実的に設定される。 ③ 縦よりも横のコミュニケーションが頻繁であり，上下間のコミュニケーションも命令よりもむしろ助言・相談である。 ④ 上司への忠誠心や服従よりも，企業全体の成長・発展に対する責任が重視される。	① 組織の活動は職能的に専門化されている。 ② メンバー各人が，企業全体の目的よりも技術的効率化を追求する傾向にある。 ③ 権限と責任は職位に付く。 ④ 経営の諸問題についての知識が経営トップに集中し，縦の命令権限が強く，階層構造が強化されている。 ⑤ 上司の指示や決定によって活動が支配され，組織への忠誠心や上司への服従が重視される。

2．ウッドワードの研究

　ウッドワード（Woodward, J.）は，イギリスの企業約100社の「技術」と「組織構造」の関連を調査・分析した。その結果，「技術が組織構造を規定する」という命題を提唱した。企業の持つ技術システムを技術の高度化の度合いによって，(1)単品生産システム（注文服など），(2)大量生産システム（自動車など），(3)装置生産システム（石油精製など）の3つに分け，これと組織との関係を調査した。

　その結果として，① 企業が技術度の中位に位置する「大量生産システム」をもつ場合，「機械的組織」が適合的であること，② 技術度の両極にある「単品生産」と「装置生産」では，職務の範囲が柔軟で弾力性の高い「有機的組織」が有効であること，を明らかにした（表6－4）。

表6－4　技術システムと組織の適合関係

技術システム	具体例	適合的な組織
単品生産システム	オーダーメイドの商品	有機的組織
大量生産システム	量産自動車，既製品	機械的組織
装置生産システム	石油精製（実験しながら）	有機的組織

3．ローレンス&ローシュの研究

アメリカの経営学者であったローレンス（Lawrence, P. R.）とローシュ（Lorsch, J. W.）は，プラスチック産業，コンテナ産業，食品産業のそれぞれに属する企業に対する調査を実施して，次のことを明らかにした。

同じ企業でも，製造・営業・研究開発といった各部門はそれぞれに異なる環境に直面しており，各部門ごとに，効果的な管理の仕方やリーダーシップ・スタイルなどが異なるという「分化」が生じている。激しい環境に直面している企業ほど「分化」も大きくなっており，安定した環境下にある企業では「分化」は比較的小さい。また，「分化」から生じるコンフリクト（対立，あつれき）を解決するため，有効に「統合」している企業ほど，業績を上げている。ここで「統合」とは，環境の要求に応じるために必要となる部門間の協力のことであり，部門間の「分化」が大きくなるほど「統合」は困難になるので，「統合」に向けて部門間のより緊密な協力・調整が必要となるのである。

第6節　企業文化論

企業文化とは，企業の組織構成員の間で共有された価値観・行動規範・行動様式・特有の雰囲気のことをいう。企業文化が組織成果に大きな影響を及ぼすことが多くの研究から実証されているが，目には見えない要因である。

I．ディール&ケネディの研究

ディール（Deal, T. E.）とケネディ（Kennedy, A. A.）は，企業文化を環境的側面と人格的側面から論じ，その効果を指摘した。

企業の置かれる環境（リスクの程度と結果までの時間）から企業文化を4つに分類した。

まずは，「ドメイン」（事業領域）を設定する。そうすると，企業「環境」が選定される。その結果，自動的に「企業文化」も選定されたことになる。

1．人格的側面

創業者や企業の歴史の中でヒーロー的人物の強い個性や経営理念が構成員の

中で共有されている場合がある。

　例：松下電器の松下幸之助，トヨタ自動車の豊田喜一郎

　　　本田技研の本田宗一郎，ソニーの盛田昭夫，京セラの稲盛和夫

2．環境的側面

企業の置かれる環境（リスクの程度と結果までの時期）から企業文化を4つに分類した。

		リスクの程度	
		高　い	低　い
結果まで の時間	速　い	①たくましい文化	②陽気な文化
	遅　い	③会社を賭ける文化	④手続きの文化

　　① たくましい文化…建設会社，映画会社
　　② 陽気な文化…たばこ会社，飲料メーカー
　　③ 会社を賭ける文化…石油探査会社，航空機メーカー
　　④ 手続きの文化…生命保険会社，電力会社

図6－12　企業文化と環境的側面の関係

3．企業文化の効果

(1)　プラスの効果

企業メンバーの協働がスムーズとなり，メンバーの方向性が一致し，企業は強力な力を発揮する。

(2)　マイナスの効果

企業文化が構成員の価値観を強く制約するようになると，社員全員が同質的な存在となり，環境への適合が柔軟に行えなくなる。

II．シャインの組織文化論

1．人　間　観

複雑人モデル（85頁参照）。

2．リーダーシップ論

組織の成熟度に応じて組織文化を創造・強化・変容することである。

組織文化	人工物	その組織独特の技術・言葉・行動パターンなど目に見えるもの。
	価　値	その組織特有の価値・規範・信念体系などで，善悪の判断基準となるもの。
	根本的前提	当然視されており，議論もされないもの。

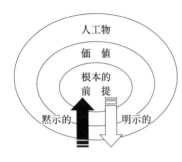

組織は，一定の行動パターン（人工物）によって日常の問題を解決しているが，これが繰り返されると組織内で定着する（価値となる）。さらに，これらの価値が当然視されるようになると（黙示的に了解されるようになると）議論もされなくなってしまう（根本的前提となる）。逆に，「根本的前提」や経営理念から「価値」が生まれ，それらが環境適応や内部統合の問題をうまく解決していくという明示的な過程で「組織文化（集団が問題を解決していく方法）」が学習され，機能するようになる。

図6−13　シャインの組織文化論

3．組織文化論

組織文化を以下の三層構造で示した（図6−13）。

Ⅲ．異文化経営論

　ホフステッド（Hofsted, G.）とトロンペナース（Tronpenarrs, F.）は，国際企業の現地法人従業員を対象に，権力格差や個人主義などの指標で調査し，地域別の類型を行い，国際経営の課題を「異文化コミュニケーションの問題」として提示した。日本的経営やアメリカ的経営といった経営スタイルよりも，異文化に対する理解が重要視されている。

Ⅳ．エクセレント・カンパニー（優良企業）

　ピーターズ（Peters, T. J.）とウォーターマン（Waterman, R. H.）は，日米の優良企業62社を調査した結果，8つの共通特徴を発見し，顧客や行動を重視する組織文化の重要性を示した（1982）。8つの共通特徴は，以下の通りであった。

①行動の重視，②顧客に密着する，③自主性や企業家精神，
④人を通じての生産性向上，⑤価値観に基づく実践，⑥基軸から離れない，
⑦単純な組織と小さな本社，⑧厳しさと緩やかさの両面を持つ。

第7章　マーケティング論

●単元の目標●

　マーケティング論は，経営学の中でも専門的なテーマになりますので，この章では，基本的な知識や考え方を学べば十分です。

第1節　定　　義

　マーケティング（marketing）とは，一般的には「市場調査」や「メディアやインターネットによる商品やサービスのPR」をイメージすることが多いが，これらの「マーケットリサーチ」や「販売プロモーション」はマーケティングの一部の機能に過ぎない。マーケティングとは，「企業および他の組織がグローバルな視野に立ち，顧客との相互理解を得ながら，公正な競争を通じて行う市場創造のための総合的活動である」と定義される（日本マーケティング協会）。簡単にいえば，儲け続ける仕組みを作ることである。ただし，儲け続けるのは自社のみでなく，顧客も儲け続けなければならない。つまり，マーケティングは，自社と顧客の間に「Win-Win」の関係を永く築く仕組みといえる。企業は，顧客にコスト以上の価格で商品やサービスを提供することによって利益を手にできる。一方，顧客は代金以上の価値が得られれば満足感を得ることができる。一般的な企業では，マーケティングは，プロダクト・マネージャーとよばれる専門の担当者により行われることが多い。プロダクト・マネージャーは，新製品の企画から販売に至るまで担当製品に関するすべての責任を持つ。

第2節　マーケティング戦略

　アメリカのマーケティング学者のマッカーシー（MaCarthy, E. J.）によれば，

マーケティングの成功のためには，① **製品**（Product），② **価格**（Price），③ **流通経路**（Place），④ **プロモーション**（Promotion）の，いわゆる「4 P」を最適に組み合わせる活動（マーケティング・ミックス）が必要であることが指摘されている。これがいわゆる「4 P's 説」である。

1．製品（Product）戦略

製品戦略とは，製品に関する政策決定である。

(1) 製品ライン戦略

製品ライン戦略とは，製品ラインの幅（関連製品数）とその深さ（品種の数）についての戦略である。

(2) 製品ミックス戦略

製品ミックス戦略とは，製品の最適構成比についての戦略である。

(3) 製品ライフサイクル戦略

製品ライフサイクル戦略とは，各製品のライフサイクルに応じた製品改良，新品種の追加，製品破棄などについての戦略である。

(4) 新製品戦略

新製品戦略とは，顧客のニーズの変化に対応した新製品開発についての戦略である。

(5) 製品破棄戦略

製品破棄戦略とは，赤字製品の生産中止によって利益率の改善をめざした戦略である。

(6) ブランド戦略

ブランドとは商標の意味であるが，一般的にはより広く知名度や信頼性などを含んでブランドとよんでいる。

① ブランド・エクイティ

ブランド・エクイティとは，その企業のブランドが持つ信頼感や知名度という無形の価値を資産として評価したもののことをいう。ブランド・エクイティは，ブランドの認知度，商標登録，ブランド・ロイヤルティなどから構成されている。

② ブランド・ロイヤルティとストア・ロイヤルティ

ブランド・ロイヤルティとは特定のブランド（商標）に対する顧客の忠誠心のことをいう。それに対して，ストア・ロイヤルティとは特定の店舗に対する顧客の忠誠心のことをいう。

③ ナショナル・ブランド（NB）とプライベート・ブランド（PB）

ナショナル・ブランドとは製造業者の掲げるブランドで，全国的に認知されているものをいう。それに対して，プライベート・ブランドとはコンビニやスーパーなどの小売業者の独自のブランドのことである。大手流通業者のパワーが増大するにつれて，単に製造業者が作ったものを売るのではなく，生産をも系列化して，自主的なマーケティングを行おうとする動きの中で出てきたブランドである。

2．価格（Price）戦略

価格戦略とは，製品の価格をいかに設定するかについての決定である。

(1) スキミング・プライシング（上澄み吸収価格政策）とペネトレーション・
　　プライシング（浸透価格政策）

新製品の販売に際して価格をどのように設定するかは重要な問題である。新製品の価格政策にはスキミング・プライシングとペネトレーション・プライシングという2つの考え方がある。この2つの考え方は，既に解説した「経験曲線」を前提とした価格政策である。

① スキミング・プライシング……上澄み吸収価格政策

スキミング・プライシングとは，上澄み吸収価格政策ともよばれ（スキムとは表面をすくい取るといった意味），新製品の導入期において高価格を設定する政策である。高価格を設定することにより製品の高級感をイメージすることができるため，高額所得層や新規なものを好む顧客層をターゲットにする場合に適しており，それゆえに，製品に新規性があることなど高価格に値する高付加価値製品であることが前提となる。

② ペネトレーション・プライシング……浸透価格政策

ペネトレーション・プライシングとは，浸透価格政策ともよばれ，新製品の

導入期にあえて低価格を設定する政策である。低価格を設定することにより，すべての所得層の顧客を引き付け多くのマーケット・シェアを獲得することを目的としている。ペネトレーション・プライスは，製品ライフサイクルが導入期でも競争が激しいような場合に適している。ペネトレーション・プライシングでは，新製品の導入期で累積生産量が少なく，製造コストが高い時期にあえて当初の赤字を覚悟して低い価格を設定する。そのことにより市場の需要を一気に自社に引き付け，累積生産量を一気に増やすことができる。

(2)　コスト基準・需要基準・競争基準

上述の議論とは別に，価格設定にあたっては，コスト，需要特性，競争関係などが考慮され価格設定の基準となる。

①　コスト基準

コスト基準とは，原価加算方式による価格設定のことである。つまり製造原価と販売費と自社マージン（マージン＝利益），さらには中間経路のマージンを加えて販売価格を決める方法である。

②　需要基準

需要基準とは，製品に対する需要の特性に応じた価格設定のことである。例えば奢侈品であるなら高品質イメージを強調した高価格設定にするとか，購買頻度の高い商品であるなら，買い手が価格についての慣習的水準を学習により確立しているために，その水準を逸脱しない価格にするといった価格設定方式である。

③　競争基準

競争基準とは，競争関係にある他社の平均価格と比較してそれと同じ価格を設定する市価主義，それより高い価格をつける高価格主義，および市価以下の価格をつけるという低価格主義がある。

3．流通経路（Place）戦略……販売チャネル戦略

流通経路戦略とは，製品の流通経路，すなわち「マーケティング・チャネル」に関する決定である。

(1) チャネルの長さ

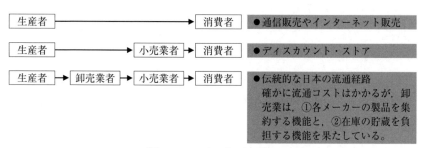

図7-1 チャネルの長さ

(2) チャネルの幅

① 開放的チャネル政策

メーカーができるだけ幅広くチャネルを網羅することにより，広く最終消費者に製品を供給していこうとする際に採用される戦略である。したがって，販売先を限定せずに，取引を希望する販売店には信用の許す限り，製品を販売する。日用品や食料品等の最寄品の販売に多く見られる。

② 選択的チャネル政策

メーカーが，チャネルの幅をある程度限定し，その限定した範囲の流通業者に対して優先的に製品を販売していくという戦略である。化粧品や家電製品の流通において見られる。

③ 専属的チャネル政策

メーカーが，チャネルの幅を極端に限定し，その限定した流通業者に対して一定地域の専売権を付与する戦略である。ガソリンスタンドやブランド店において見られる。

④ 統合的チャネル政策

メーカー自らが直営の販売店網を保有する戦略である。自動車のディーラーにおいて見られる。

⑶　伝統的マーケティング・チャネルと垂直的マーケティング・システム（VMS）

①　伝統的マーケティング・チャネル

チャネル構成メンバーであるメーカー・卸売業者・小売業者の結びつきが緩やかであり，各メンバーが自律的にチャネル内で活動しているものをいう。自律して行動するとは，メンバーの中にリーダーシップがない状態であり，チャネルメンバー間でコンフリクトが生じることが多くなる。

②　垂直的マーケティング・システム（VMS：Vertical Marketing System）

チャネルメンバーの収益目的の達成とチャネル運営の効率性を追求するために，あるチャネルメンバーが主体となって計画的に構築・管理された，メーカーから小売業者に至るまでの流通システムのことであり，現代においては，多くの製品がVMSを通じて販売されている。VMSにおいて，チャネル構築の主体となり，チャネル全体のリーダーシップを発揮する者のことを「チャネル・キャプテン」という。

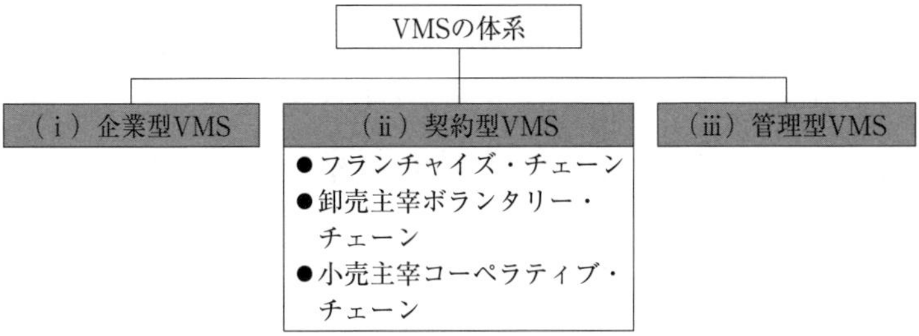

図7－2　VMSの体系

（ｉ）　企業型VMS

メーカー・卸・小売りの流通の各段階が一つの資本により所有されている状態をいう。

（ii）　契約型VMS

チャネルの各段階の資本の異なる企業同士が契約により構築する流通システムであり，以下の3つのチェーンが代表例である。

㋐ フランチャイズ・チェーン

| フランチャイザー（本部） |

経営権　　　　　　　加盟料（加盟時納入金）
商標使用権　　　　　ロイヤリティ（定期的納入金）
研修システム

| フランチャイジー（加盟店） |

	メリット	デメリット
フランチャイザー	事業や店舗拡大に要する経営資源を節約できる。	加盟店の品質の均一性が保持できない場合がある。
フランチャイジー	未経験でも短期間で事業ノウハウを取得することができる。	事業活動への制約が大きく，独自の工夫ができない。

図7－3　フランチャイズ・チェーン

㋑ ボランタリー・チェーン

異なる経営主体同士が結合して，販売機能を多数の店舗において展開すると同時に，情報などを本部に集中することによって，組織の統合を図り，強力な管理の下で，仕入・販売等に関する戦略が集中的にプログラムされる仕組みのことである。フランチャイズ・チェーンよりも加盟店の自主性が強い。

ボランタリー・チェーンのうち，小売業が主宰するものを「小売主宰コーペラティブ・チェーン」（水平的統合）といい，卸売業者が主宰するものを「卸売主宰ボランタリー・チェーン」（垂直的統合）という。

(iii) 管理型 VMS

チャネル・メンバーは，企業型や契約型のように所有や契約という形態はとらないが，チャネル・キャプテンが積極的にチャネル全体でのリーダーとなり，その緩やかな統合を図っていく。

(4) 物流戦略

① ロジスティクス

元来，「兵站」（前線へ軍事物資を供給する後方支援）を意味していたが，物流戦略においては，原材料の調達，工場への輸送，完成品の保管と顧客への輸送といった企業内部の物的流通活動をそれぞれの個別機能の観点ではなく，活動

全体の観点でその最適化を図るために行われる物流マネジメントを指す。

②　SCM（サプライ・チェーン・マネジメント）

SCMとは，原材料の調達から生産，流通，消費に至る一連のプロセスをロジスティックシステムなどを用いて統合的に見直し，プロセス全体の効率化と最適化を実現するための経営管理手法をいう。

図7-4　サプライ・チェーン・マネジメント

●「部分最適」ではなく「全体最適」を目指すマネジメント・システムである。

③　サード・パーティー・ロジスティクス

企業のロジスティクス活動の構築と実施を企業内部の物流部門で行わず，企業外部の第三者にアウト・ソーシングすることである。

4．プロモーション（Promotion）戦略

プロモーション戦略とは，売上増大を目的として，企業が消費者に対して行うあらゆる種類のコミュニケーション活動を決定する戦略である。具体的には，①新聞・雑誌・テレビ等のメディアを通じたコミュニケーションである「広告」，②見込客に対する口頭での対面的なコミュニケーションである「対人販売」，③広告料なしで製品を各種メディアに取り上げてもらうように働きかける「パブリシティ」などが含まれる。このようなプロモーション活動の適切な組合わせ方法の選択（プロモーション・ミックス）は，企業にとって重要な課題である。典型的なプロモーション戦略は以下の2つである。

(1)　プル戦略

プル戦略とは，消費者に対して，自社製品の広告宣伝を積極的に行うことにより，消費者の購買意欲を刺激して，自社製品を販売している店舗に消費者の足を向かわせ，それを買わせる戦略である。広告宣伝により消費者を店舗に「引っ張ってくる」という意味で，プル戦略という。一般的にプル戦略は，ブランドにより選好されることの多い家電，アパレルなどの製品を販売する場合に

有効であるとされる。

(2)　プッシュ戦略

　プッシュ戦略とは，販売員による販売促進などによって，自社製品を消費者に向かって積極的に売り込んでいく戦略である。一般的に，知名度の低い製品や差別化の難しい製品を販売する際に有効であるとされる。

- ●プル戦略とプッシュ戦略は，二者択一の戦略ではなく，両者を併用しつつ，その都度どちらにより重きをおくかという視点が，プロモーション戦略の展開上重要である。

(3)　製品ライフサイクル（PLC）別広告戦略

表7－1　製品ライフサイクル（PLC）別広告戦略

PLC	適合的な広告戦略	内　容
導入期	開拓的広告	新製品の需要を喚起させるための広告である。
成長期	競争的広告	特定製品ごとに品質・価格などの優位性を訴えていく。
成熟期	維持的広告	ブランドの需要水準とブランド名の記憶維持のために行われる。

(4)　SP（Sales Promotion）広告

　マスコミ広告以外の手段を利用した広告である。SP広告の具体例は以下のようになる。

表7－2　SP広告

DM広告	ダイレクトメールによる広告。
折込広告	新聞に折り込まれたチラシ広告。
屋外広告	広告板やネオン等の屋外広告。
交通広告	電車の中吊り等の交通手段内の広告。
POP広告	point of purchase。店頭販促物による広告。
電話帳広告	電話帳に記載されている広告。
展示・映像広告	展示会，博覧会，映画広告等。

(5)　AIDMAモデル

　消費者が広告等の刺激を受けてからその製品を購買するまでの心理的な過程

表7－3　AIDMA モデル

Attenntion（注目）	ある製品の存在に気づかせる。
Interest（興味）	その製品に興味を持たせる。
Desire（欲求）	その製品を欲しいと思わせる。
Memory（記憶）	その製品を記憶に留めさせる。
Action（行動）	その製品を購買させる。

を，段階的に捉えたものであり，効果的な広告を行うためには，このプロセスを考慮することが重要である。

AIDMA モデルから「M」を除いた「AIDA モデル」や「M」の替わりに「C」（Convicton：確信）を用いた「AIDCA モデル」もある。

(6)　パブリシティ

企業が報道機関に対してニュース素材（新製品情報，財務情報，人事情報等）を提供する活動をいう。パブリシティのメリットは，広告のような多くのコストを必要とせず，報道機関の主体的な視点で取り上げられるため，消費者に対し与えるインパクトが大きくなる点である。逆に，デメリットは，ニュースとして報道されるか否かは，報道機関の判断次第であり，企業サイドからのコントロールは困難である点である。

(7)　メディア・ミックス

広告戦略の一つで，最も広告効果が上がるようにメディアの最適な組合せをつくること。様々なメリット・デメリットを持つ各メディアを戦略的に組み合わせることによって，商品販売などにおいて最適かつ相乗的な効果を出すことを目的とする。具体的には，TV，ラジオ，新聞，雑誌，屋外広告などの旧来からの広告媒体だけでなく，近年では，インターネット，携帯電話，ゲームなども含めてミックスされる。これらのメディアを同時に使い，短期間で集中的に広告を行うことによって，特に新製品の知名度を向上させるケースが増えている。

5．その他のマーケティングの用語

マーケティングは新しい用語が次々と生み出されている分野である。以下に

おいて，代表的な用語を挙げておく。

(1) 顧客の管理

① CRM（Customer Relationship Management）

CRM とは顧客関係管理のことであり，企業が顧客との間に長期継続的な信頼関係を構築しようとする経営手法のことである。

② リレーションシップ・マーケティング

リレーションシップ・マーケティング（関係性マーケティング）とは，新規顧客の獲得よりも既存顧客との関係を深化・維持させていこうというマーケティングの考え方をいう。従来のマーケティングは「顧客創造型」のマーケティングが重視され，最低限のコストでいかに潜在的な市場を開拓するかに焦点が置かれてきた。しかし，近年，競争の激化などにより，新規の顧客獲得よりも，既存の顧客と1対1の関係を構築し，ロイヤルティ（忠誠心）を高めようという「顧客維持型」のマーケティングが重要視されてきている。

③ 顧客ロイヤルティ

優良顧客を「個客」と捉え，ロイヤルティの高い顧客の増加を目指し，CSと企業収益の両立を目指そうとする考え方である。CSがマスマーケットを対象に「顧客満足」によってマーケットシェア拡大を目指すのに対して，顧客ロイヤルティは，ロイヤルティの高い顧客の増加を目指すものとなっている。「パレートの法則」によれば，一般に20%の優良顧客によって企業収益の80%が生み出される。この20%の優良顧客を「個客」として捉え，そのロイヤルティを高めるのが「顧客ロイヤルティ」である。顧客を4タイプに分けることができる。

(i) 伝道者……ロイヤルティが高く，他人に勧めるほど満足度も高い。

(ii) 傭 兵……満足度は高いが，もっと安いサービスが出てくれば，心変わりをする。

(iii) 人 質……不満はあるが，他に代替品が少ない，または，ない。

(iv) テロリスト……以前利用したサービスの不満を言い触らし，切換えを進める。

④ イノベーター（革新的採用者）

最も早く新製品を採用する先進的な消費者層のことをいう。特に情報化の時代には，他の消費者に大きな影響を持つ。ロジャース（Rogers, E. M.）の研究が有名である。

⑤ FSP（フリークエント・ショッパーズ・プログラム）

優良顧客との長期的な関係構築を目的とした販売促進プログラム。ポイント制度やロイヤルティ・プログラムとも言われる。商品やサービスを利用するほどポイントが貯まり，それに応じて様々な特典を顧客に与えることで魅力づけを行う。その一方で，企業側は，顧客の購買履歴データを分析し，商品・サービスの品揃え，価格設定等の見直しに役立てる。FSP は，厳密には流通業における「ポイント制」を指すが，航空業界のフリークエント・フライヤーズ・プログラム（マイレージ・プログラム）も含めて，FSP と一般的に呼ぶ。FSP は，1981年にアメリカン航空ではじめて導入された。全収益の80％を全顧客の20％にあたる優良顧客が生み出していることから，優良顧客を重点的に囲い込む目的で導入された。その後，ホテル業界やクレジット業界，流通業界等でも導入され，日本でも1992年に各航空会社から導入が始まった。

⑥ クリック＆モルタル

インターネットによる販売と，既存の物理的販売網を有機的に組み合わせたビジネスモデルである。アメリカでは，伝統的な企業を「ブリック（レンガ）＆モルタル（しっくい）」と呼ぶが，これにかけて「クリック（ネット販売）＆モルタル（既存の物理的販売網）」と呼ぶようになった。その背景には，ネット販売だけでは十分な業績を上げることのできなかったネット専売企業の存在がある。すなわち，バーチャルとリアルの融合戦略が必要となったのである。具体例として，ツタヤの「ツタヤ・オンライン」，ソニーの「ソニースタイル」，トヨタ自動車の「ガズー」等がある。

⑦ パーミッション・マーケティング

顧客が許可を与えることで，企業が情報発信や商品・サービスの提供を許されるというマーケティングの考え方のことをいう。1999年にアメリカ・ヤフー

が初めて提唱した。顧客との関係を重視するという点では，従来からの「ワン・トゥ・ワン・マーケティング」（顧客一人ひとりを対象としたマーケティング）と類似しているが，以下の点において異なる。(ⅰ)顧客との長期的信頼関係を重視すること，(ⅱ)見込み客に気づいてもらうことを重視し，インターネット広告を用いて，顧客のパーミッション（許可）を与えてもらうことに力点を置くことである。⑤ で見た FSP 等が具体例である。

⑧　マーチャンダイジング（merchandising：MD）

マーチャンダイジングは，「商品化計画」とか「品揃え計画」と訳されることが多い。どちらも「消費者に商品を供給するまでの諸活動」を表すが，メーカー側が，ブランド開発の段階までを含んで，「ブランド・マーチャンダイジング（商品化計画）」というのに対して，リテール（小売店）側は，仕入れから販売までの活動をさして，「リテール・マーチャンダイジング（品揃え計画）」と呼ぶ。卸売業者や小売業者といった流通業者がマーケティング目標を達成するために，商品構成を中核として，仕入れ，価格設定，陳列方法，在庫，顧客サービス，販売促進，広告などを計画して，実行・管理する。この活動に関し，すべての責任を負う人を「マーチャンダイザー」と呼ぶ。マーチャンダイジングは，消費者のニーズを基点として，それを充たす商品を消費者に提供するための統一された活動の総称であり，特定の商品やサービスの販売を適正な時期と場所，さらには価格と数量で行うことによって，最も効率的な販売活動を目指すものであり，流通業者の経営強化の指標となっている。

(2)　ソーシャル・マーケティング

①　コンシューマリズム

コンシューマリズムとは消費者運動のことであり，企業の欠陥商品の販売や環境破壊に対して消費者が起こす活動全般のことをいう。コンシューマリズムは1960年代に起きた考え方で，例えば，アメリカの弁護士ラルフ・ネイダー（Ralph Nader）による GM 批判が有名である。コンシューマリズムの考え方は現在広がりを見せ，具体的には記述したステークホルダーの重視，SRI（社会的責任投資），PL 法（製造物責任法）などに現れている。

②　ソーシャル・マーケティング

　1970年代に入り，上述のコンシューマリズムの考え方に対応するために登場したのがソーシャル・マーケティングである。ソーシャル・マーケティングとは社会的責任のマーケティングであり，具体的には，企業を運営していくにあたって，社会的責任を考慮に入れ，企業倫理を守りつつ長期的な視点でマーケティングを行う考え方をいう。

　ただし，ソーシャル・マーケティングという用語は，全く別の意味で用いられることもある。それは，マーケティングの概念を企業のみならず，教育，行政といった非営利組織にも適用し，効率化を目指そうといった考え方を意味している。

第8章　国際経営論

　企業活動のグローバル化に伴い，企業経営においてもグローバル戦略の展開が求められるようになりました。この単元も応用テーマであるため，基本的な知識を確認できれば十分です。

第1節　国際化の動機

　国際化の典型的な動機・目的として次のようなものが挙げられる。

1．新市場の開拓

　自国の市場の成熟化，自国での激しい競争の回避，海外に大きなマーケットが存在しているなどの場合に，企業は製品の輸出を活発化したり，現地の支店・子会社での営業活動を展開するなどして，新しい市場の獲得を目指す。

2．低コスト化

　安価な人件費や原材料費などを求めて企業は国際化する。国内の人件費が高い，国内に天然資源が乏しいなどといった場合に，それらを低いコストで入手できる国（例えば開発途上国）へ生産拠点を移すのである。

3．貿易摩擦の回避

　新市場の開拓を目的に製品輸出を続けていると，相手国との間に貿易摩擦が生じることがある。その場合，相手国政府が輸入規制や関税引き上げといった措置をとることもありうる。そういった状況を回避するために，企業は国際化する。このケースでは，貿易摩擦が発生している当該相手国に工場を移転して，輸出から現地生産へ切り替えるという対応が一般的である。

4．バンドワゴン効果

一社が海外生産を開始すると，他の競争企業もおくれないように追随して海外生産に乗り出す「バンドワゴン（勝ち馬）効果」が見受けられる。

5．そ の 他

途上国では政府により輸入が規制されているので，現地生産以外に道がない。また，節税のためのタックス・ヘイブン（租税が著しく低くなる租税回避地を指す）を求めて国際化したり，途上国の発展に貢献したいという純粋に奉仕的な動機で国際化することもある。また最近では，為替リスク回避のために海外に生産拠点を移すという動きも見られる。

第 2 節　国際化の発展段階

典型的な国際化のステップは以下のようになる。

1．現地販売子会社の設立（第 1 段階）

輸出から進んで現地に販売子会社を設立するのが第 1 段階である。実際の販売は，現地の販売代理店を使う場合が多い。

2．現地生産子会社（工場）の設立（第 2 段階）

日本での生産および管理のための経営システムを現地に移転しはじめる，第 2 段階である。ただ，この段階では，複雑な組織構造は必要とならないため，生産システムの移転が中心となり，現地子会社の社長ないし工場長には通常，日本人が就任する。

3．現地地域統括子会社の設立（第 3 段階）

第 3 段階は，販売と生産の機能を併せ持った本格的な多国籍企業となる段階である。本社からの自律性もかなりの程度与えられる。この段階では，現地の人間を経営管理者層に登用するという意味での「現地化」が要請される。「管理者は日本人，従業員は現地人」という経営スタイルがこの段階になると通用しなくなるのである。

4．現地地域統括子会社への研究・開発機能の移転（第 4 段階）

この段階では，研究・開発から，生産・販売に至る経営のプロセスを一貫し

て現地で統括することになる。第3段階に比べて，現地子会社の自律性がいっそう強化される段階である。

第3節　国際化のタイプ

前述した国際化の発展段階のうち，第2段階以降は3種類のタイプ，すなわち水平的国際化，垂直的国際化，多角的国際化に分類できる。

1．水平的国際化

水平的国際化とは，企業の特定の製品を国内だけでなく，広く海外でも生産するというタイプの国際化である。

2．垂直的国際化

垂直的国際化とは，原材料から販売に至る製品の流れの段階のうち，ある部分を国内で，ある部分を海外でというタイプの国際化である。

3．多角的国際化

国ごとに異なる事業を営み，製品の輸出入を相互に行うタイプである。ただし，このタイプは現実にはほとんど存在しない。

【日本企業の国際化戦略の特徴 ①】

日本企業は，生産の全工程を海外に移すことはせず，労働集約的な最終生産工程（組立工程）のみを移転したり，中級品のみを移転したりする（高級品は日本国内で生産する）というロジスティック戦略をとることが多かった。また，研究開発はすべて日本で行い，現地地域統括子会社へ研究・開発機能を移転するというような段階にまで達している企業は非常にまれである。

第4節　多国籍企業論

1．定　　義

多国籍企業には様々な定義があるが，一般的には数ヵ国に海外子会社を持って国際的に経営を展開する大企業のことをいう。

2．多国籍企業の歴史

国際的な企業の活動が輸出・輸入などの貿易から海外での生産や販売拠点の

設置といった直接的な海外事業に発展するようになったのは，1950〜60年代の
アメリカ企業による欧州への進出と企業買収が最初であったといわれている。

【日本企業の国際化戦略の特徴②】

　日本企業は，戦後以降輸出志向が強く，特に1960年代以降の高度成長期には
家電や自動車などを海外に多く輸出するようになった。日本企業が本格的に海
外に生産拠点を移転するようになったのは1985年のプラザ合意以降円高が急激
に進み，輸出により利益を獲得するのが困難になって以降である。同時期に対
アメリカの貿易摩擦も深刻となり，日本企業は現地生産に移行していった。日
本企業の国際化の特徴としては，①アメリカ企業の国際化が完全所有の海外子
会社を設立することが一般的であるのに対して，日本企業の国際化は商社参加
型の合弁によることが多かったこと，②アメリカ企業が海外子会社の経営は現
地人に委託するのに対して，日本企業は本国中心主義が強く，海外子会社の労
働者は現地雇用しても経営は日本人が行うことが一般的であること，などが挙
げられる。こうしたことから，日本企業には経営のグローバル化（グローバリ
ゼーション）と同時に経営の現地化（ローカライゼーション）も求められてい
る。

3. 多国籍企業に関する研究

(1) ハーバード大学多国籍企業プロジェクトの研究

　ヴァーノン（Vernon, R.）らを中心とするハーバード大学の多国籍企業研究プ
ロジェクトは，1960年代に多国籍企業の先駆的な研究を行い，アメリカの大企
業の国際化が，プロダクト・ライフサイクル・モデルに沿うように進展してい
ることを主張した。ヴァーノンらはアメリカ企業の海外における競争優位を技
術に着目して説明した。すなわち，アメリカ企業の国際化の段階を技術によっ
て導入期，成熟期，標準化期に分類し，多国籍化とは，技術的優位が徐々に本
国から他国へと移転される過程だと主張した。

　① 導入期：技術的優位を持つ本国で新製品を生産・販売する段階

　② 成熟期

　　(i) 前期：国内で大量生産を行い，その一部を先進国（欧州など）へと輸出
　　　　　　する段階

　（ii）　後期：先進国へと生産拠点を移転し，先進国に技術移転を行う段階

③　標準化期：発展途上国（南米，アジア）へ輸出を開始し，やがて標準的技術を持った生産拠点を移転する段階

　すなわち，アメリカの大企業は国内（アメリカ）→先進国（欧州）→発展途上国（南米やアジア）という段階で国際化を進め，やがて多国籍企業に至った，と主張した。代表的にはコカ・コーラや GM，P&G（プロクター・アンド・ギャンブル）等がこのプロセスに沿って多国籍企業へと成長していった。

　⑵　トランスナショナル企業

　ストップフォード（Stopford, J. M.）とウェルズ（Wells, L. T.）の提唱した段階モデルは多くのコンサルタントなどによって利用されるようになったが，多国籍企業が世界中にその活動を広げるなかでグローバル・マトリックス組織が必ずしもうまく機能しないことが1980年代頃から指摘されるようになった。こうした中で1980年代後半にバートレット（Bartlett, C. A.）とゴシャール（Ghoshal, S.）が主張したのが「トランスナショナル企業」という新しい多国籍企業のモデルである。トランスナショナル企業とは，本国親会社と地域ごとに地域の状況に適応した子会社を構成要素とした柔軟なネットワーク組織である。トランスナショナル企業の代表例としては，ヨーロッパの ABB 社（アセア・ブラウン・ボベリ）がある。

第9章　日本的経営論

●単元の目標●

　日本の経済力は世界有数であり，その経済力を支えているのが個々の企業の経営力である。国際的にも高く評価されている日本企業の経営の特質について理解していこう。

第1節　日本的経営スタイル

　まず，大企業を中心に1950年代後半以降に見られた，日本企業に特徴的といわれる経営スタイルを紹介する。

1．終身雇用

　終身雇用とは，定年まで会社が雇用を保証するという雇用慣行のことである。終身雇用のメリットとしては，労働者のモチベーションが高まりやすく，企業も教育投資を拡充して労働者への技術やノウハウの蓄積を図ることができる。一方，デメリットとしては簡単には解雇できなくなり，不況期にはそれが足かせになるとの指摘もある。米国企業では，中途採用やレイオフ（解雇）も多く，どちらかといえば短期雇用の側面が強いといえる。

2．年功序列

　年功序列とは，年齢と勤続年数を基準にして昇進や昇給が決まるような人事慣行のことである。年功序列のメリットとしては将来昇給するとの期待があり，若いうちに比較的低賃金でも従業員の不満が少ないこと，また，若い頃に辞めてしまうと損なので，従業員の定着率が高まり，終身雇用の維持に役立つこと，などが挙げられる。他方，米国企業は，昇進や昇給は，能力主義・実績主義に基づいて行われる。

3．企業別労働組合（企業内労働組合）

　企業別労働組合とは，労働組合が企業別に構成されていることを意味する。企業別労働組合の場合，組合は企業と運命共同体となるため組合も経営のことを考える。しかも年功序列であるから，組合の幹部もやがて出世し課長や部長といった非組合員になる。その結果，労働組合と経営者側が基本的に同じ利益を追求することになり，いわゆる「労使協調路線」が確立する。他方，米国企業では，労働組合は企業の枠を超えて職能別に構成されていることが多く，労使対立も日本と比較すると激しい。

　1．終身雇用，2．年功序列，3．企業別労働組合をまとめて，日本的経営の「三種の神器」とよばれることがある（アベグレン『日本の経営』1958）。

4．新卒者の一括採用と OJT

　終身雇用と年功序列を支えるのが，新規学卒者の定期的な一括採用である。中途採用が多いと，従業員の能力と勤続年数との関係がばらばらになり，年功序列的な賃金支払いが困難になる。そこで，年功序列を可能にするためには，従業員のスタートラインを揃える必要がある。採用された新規学卒者は，企業内部で教育され，人材として育成されていく。その手法が OJT（オン・ザ・ジョブ・トレーニング，on the job training）とジョブ・ローテーションである。OJTとは，仕事の実践を通して必要な能力を身につけさせていく方法であり，ジョブ・ローテーションとは，配置転換のことである。日本のように終身雇用が前提であれば，企業は時間と金をかけて人材を育てることができる。したがって，日本企業の従業員は，会社の業務全般について広く浅い知識を身につけたゼネラリスト型社員になりやすい。また，新卒者の一括採用と終身雇用制度のもとでは，日本の労働市場は流動的ではない。他方，米国企業では中途採用やレイオフが多く，労働市場がより流動的であり，査定も能力主義，実績主義であることから，特定の専門分野についてより深い汎用的な知識を身につけたスペシャリスト型社員になりやすい。

5．家族主義的，全人的結合

　一般に日本企業では家族主義的，全人格的な結びつきが雇用者と被雇用者，

あるいは被雇用者同士に見られる。このことは，日本企業の福利厚生制度の手厚さにも見てとれる。家族手当，住宅手当，社宅や保養施設の整備など，これらの制度は，単なる生活補助ではなく，慣行としての従業員の家族への配慮といった意味合いも持っているといわれている。

第2節　米国企業の経営スタイルとの相違

以上のような日本的経営の特徴と，米国企業の経営スタイルを対比しまとめると，以下のようになる。

表9－1　米国の経営スタイルと日本の経営スタイル

米　　国	日　　本
・短期雇用	・終身雇用
・スペシャリストとしての昇進	・ゼネラリストとしての昇進
・個人による意思決定	・集団による意思決定
・トップダウン型の意思決定	・ボトムアップ型の意思決定
・個人責任	・集団責任
・業種別組合	・企業別組合

第3節　日本的経営論の学説史

日本的経営については国内や海外の様々な研究者が論じているが，以下に代表的な研究を紹介しておく。

1．戦後～1960年代の研究

戦後から1960年代までは，日本的経営に関しては比較的批判的な見解が一般的であった。すなわち，先進的な欧米型の企業経営に比べて，終身雇用や年功序列などは前近代的な家父長主義的な流れをもつ遅れた経営スタイルであるという評価である。

(1)　アベグレン（Abegglen, J. C.）『日本の経営』（1958）

1950年代に日本の工場を調査し，アメリカの工場と比較して日本の工場の特徴は「終身コミットメント」（終身雇用と類似の概念）等にあることを指摘した。アベグレンは当時の日本の工場は非生産的であるという否定的な見解を持って

いた。

(2)　小野豊明『日本的経営と稟議制度』(1960)

小野は日本的経営（稟議的経営ともいう）の特徴として稟議制度を中心に捉えている。稟議制度では職能の分担が不十分で責任も明確でないため変革が必要であると考えていた。

(3)　間宏『日本的経営の系譜』(1963)

間は，戦前の日本的経営の特徴を経営家族主義であると指摘した。戦後の日本的経営は戦前の経営家族主義を再編成したものであるとした。

2．1970年代の研究

日本経済が1960年代に高度成長期を迎えるにつれて，1970年代に入ると欧米の研究者による日本的経営の再評価が行われるようになった。すなわち，日本的経営を前近代的と考え否定的に捉えるのではなく，より積極的に肯定的に捉えようとする考え方である。さらに，それに続いて日本国内でも日本的経営は再び論議されるようになった。

(1)　アベグレン『日本の経営から何を学ぶか』(1973)

前出のアベグレンも1970年代に入ると日本的経営を肯定的に捉える見解に転換した。

(2)　ドーア『イギリスの工場・日本の工場』(1973)

イギリスの社会学者であるドーア（Dore, R.）は，日本の工場とイギリスの工場との比較調査を行い，集団主義的経営が特徴であると指摘したが，ドーアはそれを前近代的なものではなく経営の先端的なスタイルとして評価した。

(3)　津田眞澂『日本的経営の擁護』(1976)

津田は戦前の経営が家族主義的であったのに対して，戦後の経営はそれとは異なる主義によって編成されていると主張した。

(4)　岩田龍子『日本的経営の編成原理』(1977)

岩田は津田とは対照的に，戦前戦後の日本的経営には一貫した原理が存在していたと主張し，その原理を日本の伝統的な社会や文化などに求めた。

3．1980年代の研究

1980年代に入るとアメリカ企業が国際的な競争力を失う一方で，日本企業は国際競争力を増大させていった。こうしたなかで，アメリカでは日本企業の躍進の原因を日本的経営に求め，その長所を取り入れようという動きが出てきた。

(1)　オオウチ『セオリーZ』(1981)

オオウチ（Ouchi, W.）はアメリカ企業の理念型を「タイプA」，日本企業の理念型を「タイプJ」と分類した。前者は短期雇用，専門化した昇進，明確な管理機構，個人的意思決定などを特徴とする経営スタイルであり，後者は終身雇用，非専門化した昇進，曖昧な管理機構，集団主義的意思決定を特徴とする経営スタイルである。しかし，アメリカ企業の中にはIBM，P&GのようにタイプJと類似した企業があり，それをオオウチは「タイプZ」と名付けた。「タイプZ」と「タイプJ」との違いは，「タイプZ」が個人責任であるのに対し「タイプJ」は集団責任であることである。このことはアメリカ企業が日本的経営（タイプJ）を取り入れることが可能であることを示唆している。

(2)　MITによる日本的生産システムの研究『リーン生産方式が，世界の自動
　　車産業をこう変える』(1990)

ウォマック（Womack, J. P.）らMIT（マサチューセッツ工科大学）を中心とする研究プロジェクトは自動車産業に関する国際的な比較調査を行い，日本企業がとる生産システムを「リーン（ぜい肉のないという意味）生産方式」と名付け，自動車生産システムの将来的な主流として捉えた。

4．1990年代以降

1990年代後半に入ると日本はバブル経済崩壊後の長い不況に突入し，日本的経営の見直しが行われるようになった。アメリカ的企業の経営手法であるM&Aやリストラクチャリング，能力給制度の導入が行われるなど，日本的経営は変革期を迎えている。

【主要参考文献】

アベグレン，J.C. 著，占部都美監訳（1958）『日本の経営』ダイヤモンド社

井原久光（2008）『テキスト経営学〔第3版〕』ミネルヴァ書房

入山章栄（2019）『世界標準の経営理論』ダイヤモンド社

占部都美編（1980）『経営学辞典』中央経済社

江川雅子（2018）『現代コーポレートガバナンス』日本経済新聞出版社

大滝精一・金井一頼・山田英夫・岩田智（2016）『経営戦略〔第3版〕』有斐閣アルマ

尾高邦雄（1984）『日本的経営』中央公論社

亀川雅人編著（2019）『経営学用語ハンドブック』創成社

菊池敏夫・櫻井克彦編著（2021）『新企業統治論』税務経理協会

桑田耕太郎・田尾雅夫（2010）『組織論〔補訂版〕』有斐閣アルマ

神戸大学経営学研究室編（1988）『経営学大辞典』中央経済社

コトラー，P. 著，村田昭治監修，小坂恕・疋田聰・三村優美子訳（1983）『マーケティング・マネジメント』プレジデント社

佐久間信夫・出見世信之編著（2001）『現代経営と企業倫理』学文社

塩次喜代明・高橋伸夫・小林敏男（2009）『経営管理〔新版〕』有斐閣アルマ

鈴木良隆・安部悦生・米倉誠一郎（1987）『経営史』有斐閣

高橋伸夫（2000）『超企業・組織論』有斐閣

高橋伸夫（2006）『経営の再生〔第3版〕』有斐閣

土屋守章（1994）『現代経営学入門』新世社

日経 HR 編集部編著（2020）『日経キーワード2021-2022』日経 HR

野村総合研究所編著（2008）『経営用語の基礎知識〔第3版〕』ダイヤモンド社

畠田公明・前越俊之・嘉村雄司・後藤浩士（2020）『新会社法講義』中央経済社

バーナード，C.I. 著，山本安次郎・田杉競・飯野春樹訳（1968）『新訳 経営者の役割』ダイヤモンド社

ビジネス哲学研究会編著（2008）『心に響く名経営者の言葉』PHP

藤田誠（2015）『経営学入門』中央経済社

マーチ，J.G.，サイモン，H.A. 著，高橋伸夫訳（2014）『オーガニゼーションズ〔第2版〕』ダイヤモンド社

あ と が き

　現在の日本は，世界にも例を見ない少子高齢化の進展による経済の低成長時代を迎え，また，国際化による地球規模での企業間競争の激化の中にあって，企業経営を取り巻く環境は非常に厳しいものがある。著者も過去にベンチャー企業の設立及び経営管理に携わり，最近まで金融機関の社外取締役を務めていた経験から，企業経営にあたる経営者の置かれた状況は，痛いほど実感してきたつもりである。

　そこで，先人たちが築き上げてきた経営を行う適切な方法や研究成果を学ぶことが経営をより成功に近づけることになるのではないかと思い立ち，特に，経営学の初学者である学生諸君や社会人として間もない方々に必要な知識や考え方を学ぶ入門書があればと考え，これまで大学等で経営学の講義を担当する際に書き溜めてきた講義レジュメに加筆する形で執筆した。本書を通じ読者にとって，経営学に関する興味関心を持つ何らかのきっかけになるのであれば，著者として望外の喜びである。

　本書は，経営学全般の概説書ということもあり，著者にとって，いささか心許ないテーマもあったが，監修者の篠原淳先生の助言を得ながら，何とか書き上げることができた。ただでさえお忙しい大学業務・学会活動等にコロナ禍への対応も重なる中で，貴重な助言をいただいたことに深く感謝申し上げる。

　最後に，本書の出版を快くお引き受けいただき，幾度となく激励と適切なご助言をいただいた株式会社学文社代表取締役の田中千津子氏，校正作業において，適切な助言をいただいた同社編集部の皆様にはこの場をお借りし，深く御礼申し上げる次第である。

桜舞う福岡　研究室にて

後藤　浩士

人名索引

欧 文 索 引

事 項 索 引

監修者および著者紹介

監修者
篠原 淳（しのはら　あつし）
　　　　1960年　佐賀県鳥栖市生まれ。
　　　　早稲田大学情報生産システム研究科博士後期課程単位取得退学
現　　職　埼玉学園大学経済経営学部教授
主要著書　『国際会計基準を学ぶ』（共著・税務経理協会・2012）
　　　　　『基本から学ぶ会計学』（共著・中央経済社・2019）

著　者
後藤 浩士（ごとう　ひろし）
　　　　1968年　熊本県山鹿市生まれ。
　　　　福岡大学大学院法学研究科博士課程後期修了　博士（法学）
現　　職　九州共立大学経済学部准教授
主要著書　『新会社法講義』（共著・中央経済社・2020）
　　　　　『新企業統治論』（共著・税務経理協会・2021）

経営学概論

2021年4月30日　第一版第一刷発行
2024年1月30日　第一版第三刷発行

　　　　　　　　　　　　　　　監修者　篠原　　淳
　　　　　　　　　　　　　　　著　者　後藤　浩士

発行者　田中　千津子　　　〒153-0064　東京都目黒区下目黒3－6－1
　　　　　　　　　　　　　　　　　　　　電話　03（3715）1501 代
発行所　株式会社 学 文 社　　　　　　　　FAX 03（3715）2012
　　　　　　　　　　　　　　　　　　https://www.gakubunsha.com

© SHINOHARA Atsushi & GOTO Hiroshi 2021　　　　　Printed in Japan
乱丁，落丁の場合は本社でお取替えします。　　印刷所　東光整版印刷株式会社
定価はカバーに表示。

ISBN 978-4-7620-3091-8